Thomas Niedlich

Zeha

Die Geschichte der Marke mit den zwei Doppelstreifen

Verlag Rockstuhl
Bad Langensalza

Impressum

Umschlaggestaltung: Thomas Niedlich und Peter Frenkel

Fotografie und Bearbeitung: Thomas Niedlich

1. Auflage 2023

ISBN 978-3-95966-700-5

Satz und Layout: Thomas Niedlich

Druck und Bindearbeit erfolgen in Deutschland

Gedruckt auf alterungsbeständigem Papier nach ISO 9706

Die Deutsche Nationalbibliothek verzeichnet diese Publikation in der Deutschen Nationalbibliografie. Detaillierte bibliografische Daten sind im Internet über http://dnb.d-nb.de abrufbar.

Verlag Rockstuhl
www.verlag-rockstuhl.de

Inhaber: Harald Rockstuhl
Mitglied des Börsenvereins des Deutschen Buchhandels e.V.
Lange Brüdergasse 12 in D-99947 Bad Langensalza/Thüringen
Telefon: 03603 / 81 22 46   Telefax: 03603 / 81 22 47
www.verlag-rockstuhl.de

Für Antje Thiel

Patria est ubicumque est bene
Die Heimat ist da, wo auch immer es mir gut geht
(Cicero)*

*aus „Herkunft und Geschichte des Heimatliedes „Mein Reichenfels"
aufgeschrieben von Antje Thiel und Karl Häßner

Inhaltsverzeichnis

Wie der Zufall so spielt
Seite 1
Vom Fell zum Kultobjekt
Eine kleine Abhandlung über den Schuh in der Menschheitsgeschichte
Seite 3
Die Schuhproduktion
in Deutschland und in Thüringen
Seite 19
Carl Häßner
Einer von Ihnen
Seite 26
Die Jahre vom Ersten zum Zweiten Weltkrieg
Seite 31
Der Mut zum Neuanfang
Seite 45
Hohenleuben
Seite 54
Privatwirtschaft und Volkswirtschaft
Seite 67
Das Ende von Carl Häßner`s Werk
Seite 85
Geld frisst Moral oder der Verkauf eigener Werte
Seite 98
Schluss, Aus, Vorbei?
Seite 108
Aus Alt mach Neu!
Die Wiederentdeckung
Seite 114
Zeha-Sportschuhe für DDR-Spitzensportler
Seite 133
Die unendlichen Geschichten
Seite 163

Wie der Zufall so spielt

Manchmal beginnt alles mit einem Zufall. So auch diese Geschichte. Eine Frau bestellte bei mir ein paar Exemplare meiner Wanderbücher. Kurze Zeit später erhielt ich einen an mich adressierten dicken A4 Brief. Der Absender kam mir sofort bekannt vor, denn er kam von eben jener Frau. Ich öffnete den Umschlag und entnahm die vielen kopierten Seiten und ein längeres Anschreiben.

Mit einem Zwinkern zwischen den Zeilen schreibt sie von einigen Orten, von denen sie gern noch in meinen Büchern gelesen hätte. Mit den von mir beschriebenen Orten Auma, Weida, Mildenfurth, Wünschendorf oder Schleiz konnte sie etwas anfangen. Berga, Langenwetzendorf, Hohenleuben, Zeulenroda oder Triebes im thüringischen Vogtland wären noch der Ehre wert gewesen, erwähnt zu werden. So jedenfalls ihre Meinung. Hier und da sind mir die Namen der Orte während meiner Unternehmungen begegnet, doch passten sie aus den verschiedensten Gründen nicht ins Buch. Im Leben dieser Frau spielen sie jedoch eine nicht ganz unwichtige Rolle, denn sie verbrachte einen Teil ihres Lebens in dieser Region.

Es ist die Heimat ihrer Urgroßeltern und Großeltern, wie sie mir schreibt. Das im folgenden Satz darauf verwiesen wird, dass dem Brief auch Unterlagen über einen Sportschuh beigefügt sind, hat mich im ersten Augenblick überhaupt nicht tangiert. Es ergab für mich zunächst keinen tieferen Sinn, weshalb sie mir all diese Sachen geschickt hat, außer dass sie mir viel Freude damit wünschte. So legte ich alles erst einmal beiseite, ohne mich weiter darum zu kümmern, denn ich hatte noch mit der Fertigstellung zweier begonnener Bücher zu tun. Das wiederum ermöglichte es meiner Frau, noch vor mir einen ersten tieferen Blick auf die einzelnen Seiten zu werfen.

von Hornhaut bildete sich Stück für Stück zurück. Die Kehrseite dieser Verdünnung war die größere Empfindlichkeit unter den Füßen.

Hinzu kommt das Wetter, das sich ebenfalls keine Fragen um den Zustand der Füße der Menschheit stellt. Das alles machte sich umso stärker bemerkbar, je mehr sich das anfänglich noch vorhandene und wärmende Fell aus dem Tierreich zurückbildete und durch eine Haut ohne Fellbehang ersetzt wurde. So sah sich der stetig verändernde Mensch neuen Herausforderungen ausgesetzt, zu denen auch der notwendige Schutz seiner Füße gehörte.

Es gab nicht DEN Schuh. Jedenfalls nicht den, den alle „Zweifüßler", egal wo sie auf der Erde anzutreffen waren, getragen hätten. Niemand wäre wohl in den heißen Zonen dieser Erde auf die Idee gekommen, seine Füße in ein zusätzlich wärmendes Fell zu stecken, genauso wie es niemand in einer kalten Region getan hätte, sie nur auf einem Stück Holz festzubinden. Jede Art der Fußbekleidung entstand unter den jeweiligen natürlichen Bedingungen ihrer Zeit und der fortschreitenden menschlichen Entwicklungsgeschichte. Ein Fell gab es somit erst, nachdem der sich entwickelnde Mensch in der Lage war, auf die Jagd zu gehen und ein Tier mit dichter Behaarung zu erlegen. Trotzdem entstehen aus diesen sicher anfänglich primitiven Schuhformen die heute noch gebräuchlichen und getragenen Schuhe. Liegt es nicht sehr nahe, in unseren dick mit Fell gepolsterten Winterstiefel die Nachfahren jener einfachen Fellwickel zu entdecken? Erinnern uns Sandalen mit ihren schmalen Haltebändchen nicht an die primitiv unter die Füße gebundenen Blätter oder Hölzer unserer Vorfahren? Zwischen diesen beiden Extremen bildeten sich natürlich viele weitere Formen heraus, die an die jeweiligen Umweltbedingungen und dem Wissensstand der Menschheit angepasst waren, denn neben den verwendeten völlig verschiedenen Materialien benötigten sie

Wie der Zufall so spielt

Manchmal beginnt alles mit einem Zufall. So auch diese Geschichte. Eine Frau bestellte bei mir ein paar Exemplare meiner Wanderbücher. Kurze Zeit später erhielt ich einen an mich adressierten dicken A4 Brief. Der Absender kam mir sofort bekannt vor, denn er kam von eben jener Frau. Ich öffnete den Umschlag und entnahm die vielen kopierten Seiten und ein längeres Anschreiben.

Mit einem Zwinkern zwischen den Zeilen schreibt sie von einigen Orten, von denen sie gern noch in meinen Büchern gelesen hätte. Mit den von mir beschriebenen Orten Auma, Weida, Mildenfurth, Wünschendorf oder Schleiz konnte sie etwas anfangen. Berga, Langenwetzendorf, Hohenleuben, Zeulenroda oder Triebes im thüringischen Vogtland wären noch der Ehre wert gewesen, erwähnt zu werden. So jedenfalls ihre Meinung. Hier und da sind mir die Namen der Orte während meiner Unternehmungen begegnet, doch passten sie aus den verschiedensten Gründen nicht ins Buch. Im Leben dieser Frau spielen sie jedoch eine nicht ganz unwichtige Rolle, denn sie verbrachte einen Teil ihres Lebens in dieser Region.

Es ist die Heimat ihrer Urgroßeltern und Großeltern, wie sie mir schreibt. Das im folgenden Satz darauf verwiesen wird, dass dem Brief auch Unterlagen über einen Sportschuh beigefügt sind, hat mich im ersten Augenblick überhaupt nicht tangiert. Es ergab für mich zunächst keinen tieferen Sinn, weshalb sie mir all diese Sachen geschickt hat, außer dass sie mir viel Freude damit wünschte. So legte ich alles erst einmal beiseite, ohne mich weiter darum zu kümmern, denn ich hatte noch mit der Fertigstellung zweier begonnener Bücher zu tun. Das wiederum ermöglichte es meiner Frau, noch vor mir einen ersten tieferen Blick auf die einzelnen Seiten zu werfen.

So kommt es, dass ich ohne auch nur eine weitere Zeile gelesen zu haben, von ihr über den groben Inhalt der Briefdokumente aufgeklärt worden bin, was urplötzlich mein tieferes Interesse am Brief hervorrief. Ich schnappte mir bei der nächstbesten Gelegenheit alle Blätter und begann sie mir Stück für Stück anzusehen. Gleich das erste davon überflog ich kurz und legte es sogleich zur Seite. Von einer Burgruine Reichenfels samt Noten für ein Lied hatte ich noch nie etwas gehört. Was auf den anderen Seiten folgte, fand ich dann schon wesentlich interessanter.

Aus den einzelnen Puzzleteilen des Briefes entsteht in meinem Kopf etwas, was sich zu einem bunten Kaleidoskop zusammenfügt. Ganz langsam erkenne ich, dass sich in den Unterlagen des Briefes eine packende Geschichte aus der Thüringer Vergangenheit versteckt. Jedes einzelne Blatt im Brief hat seine eigene Erzählung, die alle durch unsichtbare Fäden miteinander verbunden sind und deren alles verbindendes Zentrum, die mir bis zu ihrer Unterschrift auf dem Begleitschreiben noch unbekannte Frau ist! In diesem Augenblick des Lesens begriff ich jedenfalls zum ersten Mal in groben Zügen die zusammenhängende geschichtliche Dimension ihres Schreibens. Antje Thiel, so der Name jener mir in diesem Augenblick noch unbekannten Person, ist eine Nachfahrin jenes Mannes, auf dessen eigenes Leben, und das seiner Familie, Handeln und Wirken sich der Briefinhalt bezieht.

Meine thüringischen Wurzeln mit dem immer noch vorhandenen Interesse für alle historischen und gegenwärtigen Ereignisse an meiner alten Heimat lassen mich, den Neu-Brandenburger erahnen, dass sich durch weitere Nachforschungen durchaus ein spannendes Buchprojekt ergeben kann. Ich trete mit Frau Thiel in einen längeren Gedankenaustausch und erhalte in der Folge eine ganze Reihe sehr aufschlussreicher und interessanter neuer Puzzleteile zur Kenntnis. Die betreffen nicht nur die Vergangenheit, sondern auch die jüngere Gegenwart. Genau zwischen diesen beiden Zeitpolen bewegen sich zwei sehr bemerkenswerte Neuigkeiten, die den Spielraum und den Spannungsbogen für das Buch erheblich erweitern könnten. Ich teile meine Gedanken mit Frau Thiel. Die dabei entstehenden Gedankengänge finden ihre Zustimmung im Hinblick auf ein mögliches Buch, welches die Geschichte ihrer Familie und die eines Schuhs miteinander verbindet.

Vom Fell zum Kultobjekt
Eine kleine Abhandlung über den Schuh in der Menschheitsgeschichte

Je weiter ich über den Beginn der eigentlichen Geschichte nachdenke, desto mehr komme ich zu der Überzeugung, dass sie schon viel früher begonnen hat und ich diesen Teil der Entwicklung des Schuhes nicht außen vor lassen kann. Meine eigene hier aufgeschriebene Geschichte beginnt eigentlich erst am Ende des 19. Jahrhunderts, doch ist sie genau betrachtet nur die Fortsetzung einer noch viel älteren Geschichte, der ich mich im Folgenden kurz widmen möchte.

Es gab eine Zeit, da trat auf der Erdkugel aus den sich bis dahin fast nur auf vier Füßen fortbewegenden Lebewesen eine Spezies hervor, welche in den folgenden Jahrtausenden das Leben auf diesem Planeten bestimmen sollte – der Mensch. Die Natur und seine Umwelt gaben ihm die Möglichkeit und das Erfordernis, sich aus der Bewegung auf allen Vieren Stück für Stück zu befreien, und sich durch einen aufrechten Gang auf zwei Füßen fortzubewegen. Diese menschlichen Füße waren etwas anderes als die Pfoten oder Hufe, auf denen man sich vorher fortbewegte. Das Körpergewicht verteilte sich nun anders und drückte nach unten durch, und egal auf welchem Untergrund sich der entwickelnde Mensch bewegte, es schmerzte. Am Beginn der Menschwerdung sicherlich noch nicht, denn die aus der Tierwelt stammende Polsterung in Form von Hornhaut bildete sich Stück für Stück zurück. Die Kehrseite dieser Verdünnung war die größere Empfindlichkeit unter den Füßen.

Hinzu kommt das Wetter, das sich ebenfalls keine Fragen um den Zustand der Füße der Menschheit stellt. Das alles machte sich umso stärker bemerkbar, je mehr sich das anfänglich noch vorhandene und wärmende Fell aus dem Tierreich zurückbildete und durch eine Haut ohne Fellbehang ersetzt wurde. So sah sich der stetig verändernde Mensch neuen Herausforderungen ausgesetzt, zu denen auch der notwendige Schutz seiner Füße gehörte.

Es gab nicht DEN Schuh. Jedenfalls nicht den, den alle „Zweifüßler“, egal wo sie auf der Erde anzutreffen waren, getragen hätten. Niemand wäre wohl in den heißen Zonen dieser Erde auf die Idee gekommen, seine Füße in ein zusätzlich wärmendes Fell zu stecken, genauso wie es niemand in einer kalten Region getan hätte, sie nur auf einem Stück Holz festzubinden. Jede Art der Fußbekleidung entstand unter den jeweiligen natürlichen Bedingungen ihrer Zeit und der fortschreitenden menschlichen Entwicklungsgeschichte. Ein Fell gab es somit erst, nachdem der sich entwickelnde Mensch in der Lage war, auf die Jagd zu gehen und ein Tier mit dichter Behaarung zu erlegen. Trotzdem entstehen aus diesen sicher anfänglich primitiven Schuhformen die heute noch gebräuchlichen und getragenen Schuhe. Liegt es nicht sehr nahe, in unseren dick mit Fell gepolsterten Winterstiefel die Nachfahren jener einfachen Fellwickel zu entdecken? Erinnern uns Sandalen mit ihren schmalen Haltebändchen nicht an die primitiv unter die Füße gebundenen Blätter oder Hölzer unserer Vorfahren? Zwischen diesen beiden Extremen bildeten sich natürlich viele weitere Formen heraus, die an die jeweiligen Umweltbedingungen und dem Wissensstand der Menschheit angepasst waren, denn neben den verwendeten völlig verschiedenen Materialien benötigten sie selbstverständlich auch das entsprechende Werkzeug, um sie verarbeiten zu können.

Heute geben uns die verschiedensten archäologische Funde auf der ganzen Welt Hinweise auf die frühen Formen der Schuhe und Materialien der Fußbekleidung, wobei diese schon auf Grund der natürlichen Verwesung eher rar gesät sind. Glücksfälle in dieser Hinsicht sind dann solche Funde wie die des Ötzi in den Gletschern der Südtiroler Alpen. Er trug Schuhe, die vorwiegend aus Rindleder, Bärenfell und einem Gras-Heu-Gemisch bestanden. Selbst eine Art Schnürsenkel besaßen sie. Die meisten der heutigen wissenschaftlichen Untersuchungen beruhen daher auf der Untersuchung der Fußanatomie. Mit der Nutzung von schützenden Schuhen an den Füßen veränderte sich diese. Man denke beispielsweise an die Probleme bei Frauen, die fast nur in sogenannten High Heels unterwegs sind. Jeder kann solche Veränderungen auch bei sich selbst beobachten.

Beim Übergang vom Tier zum Menschen ist noch ziemlich viel Hornhaut unter den Füßen vorhanden, welche sie von unten schützt. Schauen wir uns heute unsere eigenen Füße an, so sehen wir davon kaum noch etwas. Höchstens ein paar Andeutungen sind davon zu finden. Unsere Füße sind empfindsamer geworden. Ein kleiner Splitter und schon geht das Gejammere los. Darüber hätten unsere Vorfahren mit ihrer zentimeterdicken Hornhaut nur gelächelt. Später beschützt uns das sich entwickelnde Schuhwerk. Egal ob zu Beginn aus Naturbast, später Leder oder den noch folgenden Materialien. In jeder Epoche prägten sie die Schuhmode. Nur eines von ihnen taucht in fast jeder davon auf – Leder. Kein anderes Material prägt so sehr den Schuh wie dieses.

Schauen wir uns doch zunächst ein wenig die verschiedenen Schuhe und Schuhformen an, die in den einzelnen Phasen der Menschheitsgeschichte nach Ötzi das Licht der Welt erblickten.

Schon auf Bildern und Zeichnungen aus der Antike sind Schuhe in Form von Sandalen in ihren vielfältigsten Variationen zu entdecken. Am östlichen Rand des alten römischen Reiches entstand das Byzantinische Reich. Dort tauchten dann schon geschlossene Schuhe auf. Im Mittelalter formten dann manche Regionen ihre Fußbekleidung zu sogenannten Schnabelschuhen. Bei ihnen verjüngten sich die Schuhspitzen sehr stark, und endeten meist nach oben gedreht in einem kugeligen Abschluss. Das Gegenteil davon, nämlich sehr breite Schuhe die an ein Kuhmaul erinnerten, trug man im 16. Jahrhundert. Dazwischen variierten die Modelle immer wieder neu. Die Schafthöhen und die Schnitte änderten sich genau so schnell wie die Möglichkeiten, die Schuhe zu verschließen. Egal ob Knöpfe, Schnüre, Riemen oder einfach nur Öffnungen zum Hineinschlüpfen. Die Schuhmode passte sich stets an die

Ägyptische Sandale aus Pflanzenfasern (Musee Bally Schweiz)

herrschende Kleidung der Zeit an. Man verstand schon einen ästhetischen Aspekt mit einfließen zu lassen. Dieser fand nicht nur seinen Ursprung in den jeweiligen Regionen, sondern wurde auch geprägt durch die sich immer weiter ausbreitenden Handelsbeziehungen und Eroberungsfeldzüge. Man sah in anderen Ländern andere Formen und Materialien, die später in der Heimat kopiert wurden. So sind die schon erwähnten Schnabelschuhe ein Ergebnis der Kenntnis des orientalischen Schuhwerks, welche die Heimkehrer der sogenannten Kreuzzüge aus dem Vorderorient mit nach Hause brachten. Sie wurden aus feinen Materialien hergestellt, und blieben meist den herrschenden Schichten vorbehalten. Interessant daran ist, dass sich die Länge des gebogenen Schnabels nach dem jeweiligen Stand in der Gesellschaft richtete. Ob der Tragekomfort solcher exotischer oder ausgefallenerer Schuhmodelle immer den Zuspruch ihrer Träger fand, sei mal dahingestellt. Dieser richtete sich zu einem großen Teil auch nach den verwendeten Materialien. Was ehemals aus Holz oder Pflanzenfasern hergestellt wurde, findet man heute nur noch mit sehr viel Glück. Die Natur hat sich zurückgeholt, was ihr gehörte. Bei Leder war sie mit uns etwas einsichtiger. Seien es die Verarbeitungsprozesse des Leders gewesen oder die natürlichen Umweltbedingungen die Bakterien an der Zersetzung hinderten – die Reste von Lederschuhen finden sich sehr viel häufiger. So weiß man heute, dass für die Schuhschäfte vornehmlich das Fell von Ziege, Schaf und Rind zu Leder verarbeitet wurde. Wegen seiner Stärke fand Rindsleder zum einen bei Stiefeln eine bevorzugte Verwendung. Noch wichtiger war sein Einsatz jedoch als Schuhsohle, da sie am längsten der Abnutzung widerstand. Apropos Schuhsohle.

Der normalen Fußform folgend sollten die Sohlen eigentlich flach sein, doch die Mode denkt sich gern ihre eigenen Geschichten aus. Das führte auch immer wieder zu ganz verrückten und absurden Ideen in der Schuhmode. Wer im Mittelalter auf den unbefestigten Straßen ohne Kanalisation unterwegs war, der konnte schon mal in tiefem Schlamm samt der Abfälle und Jauche waten. Wer den Film „Das Parfüm“ gesehen hat, der wird sich vielleicht an die Eingangsszene erinnern, in welcher der Hauptakteur durch solch verdreckte Gassen lief. Er, der barfuß herumlief, wird wohl nicht auf die Idee gekommen sein, Schuhe mit einer höheren Sohle zu versehen.

Was ist jedoch mit denen, die sich Schuhe leisten konnten? Was ist mit den von ihrer Körperlänge her vielleicht etwas zu kurz Geratenen? Wollten sie etwas größer erscheinen und ließen sich dickere Sohlen unter ihren Schuhen anbringen? Es wird wohl nicht nur eine Erklärung geben, welche für die Entstehung höherer Sohlen herhalten muss. In der Mehrzahl der Schuhmodelle dürften noch immer relativ flache Sohlen ohne größere Absätze eine Rolle gespielt haben. Selbst wenn schon im alten Ägypten hohe Absätze bekannt waren, so setzten sie sich doch erst später richtig durch. In Spanien und Italien trug man gern sehr hohe Absätze. Sie waren teilweise derart hoch, dass ein unfallfreies Gehen nur mit Hilfe einer Begleitung oder von Stützstöcken möglich war. Den Trend zu diesen extrem hohen Schuhen ließ im 15. Jahrhundert sogar der Doge von Venedig verbieten, Es ist die Zeit, in der man wohl feststellte, dass immer dickere Sohlen auch ein Problem mit dem Gewicht an den Füßen hervorrief. So musste eine Lösung her, welche zwar eine höhere Position erlaubte, doch diese nicht zu Lasten des Gewichtes ging. Die Idee des Absatzes erblickte das Licht der Welt und lebt bis heute fort!

Der Absatz bot so ab dem 17. Jahrhundert viele neue Möglichkeiten, nicht nur im Aussehen der Schuhe, sondern auch in der Ausstrahlung bei den Trägerinnen und Trägern. Neben dem größeren Erscheinungsbild, denn der Absatz hob nicht nur die Person leicht in die Höhe, veränderte sich auch der Gang, vor allem bei den Frauen. Durch die Anhebung der Ferse zeigte sich eine andere Körperhaltung, denn das Becken schob sich sanft nach vorn, unterstützte so die tiefen Ausschnitte der damaligen Frauenkleider und ließ ihren Gang anmutiger und aufreizender erscheinen, was sich bis heute noch in der erotischen Fotografie widerspiegelt, wo Frauen gern in hohen Stöckelschuhen abgelichtet werden. Dies ist

in gewisser Form die Fortsetzung einer Zeit, als schon im alten Rom die Prostituierten oder in Japan die Kurtisanen hohe Absätze

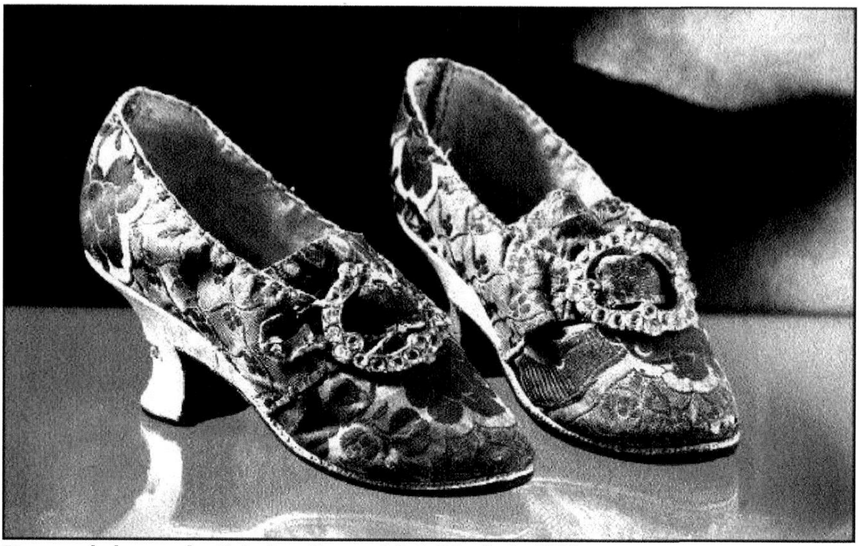

Damenschuhe aus der Zeit des „Sonnenkönig“ Ludwig XIV.

zur Unterscheidung von den „gewöhnlichen“ Frauen trugen. Auch später trugen Absatzschuhe in Form von Stöckelschuhen wesentlich dazu bei, die Weiblichkeit stärker zu betonen und mit dem Begriff „Sexappeal“ zu verbinden. Bestes Beispiel dafür sind die Szenen mit Marylin Monroe im Film „Das verflixte siebte Jahr“ aus dem Jahr 1955. Auch die Männlichkeit täuschte mit einem größeren Erscheinungsbild mehr Stärke vor. Wenn auch nicht in extremer Form, so trugen selbst die Langen Kerle von Preußen seit der Herrschaft von Kurfürst Friedrich Wilhelm bis zu ihrer Auflösung im Jahr 1806 noch ein paar flachere Absätze, um trotz der langen Helme immer noch etwas größer zu wirken. Ein einfaches Machtgehabe, welches sich mit der Zeit differenziert weiterentwickelte.

Natürlich gab es die Unterschiede in der Qualität, den Materialien und den Preisen. Viel stärker drifteten allerdings die Unterschiede zwischen den Frauen- und Männerschuhen auseinander. Als eine Art Wendepunkt könnte man da das 19. Jahrhundert heranziehen. Neue Modelle und Formen eroberten die Füße, die noch heute in stets sich wandelnden Eigenschaften entworfen und hergestellt werden. Männer freundeten sich immer mehr mit Halbschuhen und Halbstiefeln an. Um letztere Varianten tragen zu können, bedurfte es einer wesentlichen Neuerung. Sie sollten schließlich beim Tragen nicht rutschen. Eine bereits bekannte Möglichkeit waren die sogenannten Schnürsenkel, die bei den Halbschuhen ihre Aufgabe bestens erfüllten. Einer, der diese Schuhe richtig salonfähig machte, war der in England geborene George Bryan Brummell, in der Bekleidungs- und Schuhmode besser bekannt als Beau Brummell. Bei der Wahl seiner Kleidung legte er viel Wert auf Stoffe in gedeckten Farben und eine gewissen Schlichtheit, die sich stark von der nach französischem Vorbild geprägten höfischen Mode der englischen Adelskreisen unterschied. Seine zur Schau getragene Eleganz verhalf dadurch den geschnürten Herrenhalbstiefeln zu großer Verbreitung.

Eine Erfindung dieser Zeit ermöglichte ein neues Schuhmodell, welches heute immer noch getragen wird. Das Gummiband fand Eingang als Ersatz für den Schnürsenkel, und ermöglichte den problemlosen Einstieg in die höheren Halbstiefel. Die sogenannten Chelsea-Boots waren geboren, die selbst heute noch so heißen. Höhere Schuhe kamen bei den Herren kaum vor, da die von ihnen getragenen langen Hosen sie sonst nur unnütz verdeckt hätten. Anders beim weiblichen Geschlecht. Frauen fanden Gefallen an Sandalen und Stiefeletten mit noch recht niedrigen Absätzen. Auch ihnen verhalfen Schnürsenkel und Gummiband zu einem leichten Einsteigen in ihre Schuhe. Unter den damals üblichen langen Kleidern spielte es in der äußeren Wahrnehmung kaum eine bedeutende Rolle, mit welchem Aufwand die Damenschuhe

hergestellt wurden. Sie waren schlichtweg nur selten offen zu sehen. Das änderte sich, als zum Ende des 19. Jahrhunderts sich die Längen der bis dato bodenlangen Kleider und Röcke immer weiter über die Knöchel hinaufschoben, so dass jetzt auch den Schuhen mehr Blicke zugeworfen wurden.

Was man heute als chic oder trendy bezeichnet, verfolgt uns schon, seitdem man sich bewusst von anderen unterscheiden wollte. Man wollte anders aussehen als die Menschen um einen herum. Nicht selten entstand dann aus einer ganz individuellen Idee der Schuh, den dann alle anderen auch tragen konnten. Hatten dann alle erst einmal die gleichen Schuhe, musste jemand wieder eine neue Idee haben. Sie setzte sich früher oder später bei allen anderen auch wieder durch. So lief es eine ganze Zeit, bis sich später die Reihenfolge änderte. Dann bestimmte die Werbung in den aufkommenden Modezeitschriften das Geschehen.

Es folgte der Trend nicht mehr dem Individuum, sondern jetzt galt es, möglichst von Anfang an gleich den Trend für alle zu setzen. Eine neue Trendidee musste her, die sich von allen vorherigen unterschied. Diese sollte im besten Falle sofort von der großen Mehrheit getragen werden. Der beste Weg, um schnell einen guten Profit zu machen. Zugleich konnten so die beiden Nachbarn zur gleichen Zeit die gleichen Modelle tragen, die sich dann nur noch in wenigen Details und entsprechend des jeweiligen Geldbeutels in der Qualität unterschieden. Natürlich wird es zunehmend schwieriger, immer wieder neue Modelle auf den Markt zu bringen, die sich vollkommen von den Vorgängern unterscheiden. Es ist deshalb bei den Schuhen genauso wie in der Bekleidungsmode. Fällt nichts Neues mehr ein, greift man auf das Altbewährte zurück. Es werden ein paar Änderungen im Schnitt vorgenommen und neue Stoffe zum Einsatz gebracht. Das Ganze wird dann als Neuerfindung angepriesen. Es bleibt jedoch nur ein alter Inhalt in einer neuen Verpackung.

Die beginnende Industrialisierung im 19. Jahrhundert hatte allerdings noch andere Auswirkungen auf die Schuhproduktion. Vorher wurden Schuhe in mühsamer Arbeit im Schusterhandwerk teuer hergestellt, was vielen den Erwerb einfacher und trotzdem guter Schuhe nicht erlaubte. Neue Maschinen und neue Produktionsmethoden in den Fabriken ließen die Preise für erschwingliches Schuhwerk sinken und ermöglichte den Kauf auch für die breite Mehrheit der Menschen. Große Kunst am Schuh konnte man da natürlich nicht erwarten. Das war auch nicht das Ziel, denn die blieb immer noch den reicheren Schichten vorbehalten. Es muss jedoch festgestellt werden, dass es in der gesamten Geschichte des Schuhs immer eine Frage des jeweiligen Standes war, wer sich welchen Schuh leisten und damit tragen konnte. Als wohl nichtzutreffend gilt heute die Annahme, dass sich in den ganz frühen Jahren des Schuhs die arme Stadt- und Landbevölkerung keine leisten konnte. Sie besaßen sicher keinen modischen Chic, denn ihre Hauptaufgabe wurde durch die tägliche Arbeit bestimmt. Sie konnten in kurzer Zeit hergestellt werden und wurden sicherlich so lange getragen, wie sie repariert und geflickt werden konnten. Der Name Flickschusterei stammt aus jener Zeit und war das Sinnbild für die sich in der Geschichte der Schuhmode herausbildenden sozialen Komponente, die immer mehr in den Mittelpunkt geriet. Bei den höhergestellten Römern sorgten sogenannte Ledernäher für das zusammenfügen von Schaft und Boden. Sie trennten sich ganz bewusst von den Sandalenmachern, die für das niedere Volk die einfachen Sandalen herstellten. Neben diesen Handwerkern die neue Schuhe herstellten, gab es dann noch die sogenannten Flickschuster, deren Aufgabe die Ausbesserung abgenutzter oder kaputter Schuhe war. Sie flickten die alten Schuhe wieder zusammen. Deshalb Flickschuster.

Der einfachen Bevölkerung war es nicht möglich, gutes und bequemes Schuhwerk zu tragen wie wir schon festgestellt haben. Das blieb den Kirchenvertretern, den reichen Schichten, den herr-

schenden Imperatoren und den Militärs vorbehalten. Sie konnten es sich leisten. Die Antike war eine der wichtigsten Phasen in der Schuhentwicklung. Hier wurden Schuhe erstmals als Zeichen des gesellschaftlichen Ranges gesehen. Wandmalereien beweisen, dass Schuhe zwar ein Gut für die Allgemeinheit wurden, doch noch mehr ein Statussymbol der oberen Kreise. Für die Griechen mussten die Sandalen schick aussehen. Für die Römer mussten sie praktisch sein, damit sie mit ihnen ihr Römisches Reich erobern konnten. Wie sehr sich diese Klassenunterschiede bemerkbar gemacht haben, ließ sich sehr gut in Europa im 16. Jahrhundert nachvollziehen.

Die Bundschuhfahne - Holzschnitt des sog. Petrarca-Meisters aus dem Trostspiegel 1539

Als sich zur Zeit der Reformation und der später daraus resultierenden Bauernkriege die aufständischen Bauern gegen die herrschenden Klassen auflehnten, geschah dies unter einer besonderen Fahne. Es war die Flagge des Bundschuhs. Der bestand aus einem um den Fuß gewickeltes Stück Leder, das oben an der Spitze mit Riemen zusammengebunden wurde. Der Bundschuh war in dieser

Zeit häufig bei der ärmeren Bevölkerung anzutreffen. Er diente hervorragend als Symbol der von der Kirche und den Feudalherren unterdrückten Bauern, die damit ihr Zugehörigkeitsgefühl zur unteren Klasse unterstrichen. Ihr Kampf war nicht von Erfolg gekrönt und endete für die aufständischen Bauern mit einer schweren Niederlage. Der Bundschuh jedoch ging in die Geschichte ein.

Überhaupt das Leder. Es wurde schon erwähnt, dass dieses Material ein steter Begleiter einer jeden Schuhmode war und immer noch ist. Zwar gibt es immer wieder mal andere Materialien, die bei der Schuhherstellung zur Anwendung kommen, doch sind diese zumeist mit einer spezifischen Nutzung versehen. Man denke nur an die heutigen modernen Wanderschuhe aus synthetischen Materialien, die sie für viele verschiedene Wetter- und Landschaftsbedingungen einsatzfähig machen. Aber selbst in diesem speziellen Bereich der Schuhe finden sich genügend Vertreter von Lederschuhen, die ihre Liebhaber unter den Trägern finden da sie mit den künstlichen Stoffen nicht warm werden. Es ist also nicht zu verdrängen - das gute alte Leder in der Schuhmode. Doch woher kommt diese seit ewigen Zeiten ungebrochene Liebe der Schuhwarenhersteller zum Leder und wie kam man überhaupt dazu?

Es ist wahrscheinlich wie mit allen neuen Errungenschaften welche sich die Menschheit in ihrer Entwicklung aneignete – probieren, testen, verwerfen, probieren, testen, verwerfen. Und so weiter und so fort. Es gibt nicht das eine Datum. Als die ersten Menschen in der Lage waren, ein wildes Tier zu erlegen, da fand die Frau das Fell des erlegten Tieres vielleicht schön kuschelig, doch in seinem unbearbeiteten Zustand fing es mit der Zeit an zu riechen und zu verderben. Also hat sie beim nächsten Mal versucht, etwas mit dem Fell anzustellen, damit es diesmal länger schön kuschelig bleibt. Wer nennt uns den Namen der Frau? Lag es nah am Feuer, welches es trocknete und haltbarer machte?

Eines Tages spürte sie die Veränderungen am Fell und von nun an wurde jedes Fell so behandelt, das es weitere Verwendungsmöglichkeiten in den folgenden Generationen hervorbrachte. So könnte es sich abgespielt haben.

Um aus einem einfachen getrockneten Fell langlebiges weiches Leder herzustellen, bedurfte es wahrscheinlich wieder eines Zufalls oder einer grandiosen Idee. Kam jemand darauf, auf dem Fell herum zu kauen, um es weicher werden zu lassen? Die Inuit im Norden sollen diese Methode jedenfalls heute noch anwenden. Wer hatte im alten Ägypten vor mehreren tausend Jahren die Idee, Felle und Häute mit Ölen und Fetten so lange zu bearbeiten, bis sie weich und geschmeidig wurden? Wer oder was es auch immer war, es wird uns für immer verborgen bleiben, doch die schrittweise Weiterentwicklung aus den Anfängen bis zur dauerhaften Anwendung war geglückt. Ötzi trug einen Lendenschurz und einen Gürtel aus Leder. Römische Legionäre trugen Lederkleidung und Ledersandalen. Indianer bauten Boote mit Lederverkleidung. Reiter saßen bald nicht mehr auf dem blanken Pferderücken, sondern konnten auf einem Ledersattel Platz nehmen. Pilger oder Wanderer trugen ihr Trinkwasser in ledernen Trinkschläuchen mit sich. Die Anwendungsgebiete schienen fast unerschöpflich.

Das Mittelalter brachte einen weiteren Schub in die Lederbearbeitung. Da das Leder in Bächen oder Flüssen bearbeitet wurde, gründeten sich an ihnen Gerbereien, welche die Verarbeitung immer weiter verfeinerten. Ganz unproblematisch war diese Arbeit zu Beginn nicht, denn die Häute von Rindern oder Schweinen waren schwer. Bevor der Waschprozess in entsprechenden Behältern abgehalten wurde, erfolgte die Reinigung der Felle noch direkt in den Gewässern, was das Gewicht zusätzlich in die Höhe trieb. Damit aus dem Fell ein gutes Leder wird, muss es konserviert werden. Gerbstoffe wirkten auf die Tierhaut. Sie verhinder-

ten die Verwesung, die Aushärtung und die Oxydation der Haut. In der Anfangszeit musste man sich mit seltsamen Mitteln behelfen. Da konnte dann schon mal Urin oder Knochenmark zum Einsatz kommen, was zu üblen Gerüchen führte, welche die Gerber krank machen konnten. Es war eine harte körperliche Arbeit für die Gerber in diesen Zeiten, die stets mit viel Risiko für ihre Gesundheit verbunden war. Von all dem bekamen die vornehmen und noblen Träger der feinen Lederwaren nichts mit.

Heute geschieht das mit synthetischen Methoden wie dem Chromsalz. Das Chromsalz-Gerben wurde Ende des 19. Jahrhunderts erfunden und führte zu einer weitaus besseren Lederqualität, welche sogar das Färben von Leder ermöglichte, was die Einsatzmöglichkeiten erheblich erweiterte. Darüber hinaus führte dieses Verfahren zur Umgestaltung vom kleinen traditionellen Handwerk der Gerberei hin zu einer großen leistungsfähigen Industriebranche, welche zu einer starken Verbreitung und Anwendung von Lederwaren in allen Lebensbereichen und Gesellschaftsschichten führte. Von Taschen, Kleidung bis hin zu Autositzen. Dabei muss es nicht immer das klassische glatte Leder sein. Die weiterentwickelten Herstellungsverfahren ermöglichen in der Zwischenzeit auch solche Leder wie Nappa, Nubuk oder Velour. Selbst bis vor ein paar Jahrzehnten völlig exotische Tierarten mussten in der Zwischenzeit ihre Haut zu Leder verarbeiten lassen. Seien es Schlangen oder Krokodile. Heute hat sich im allgemeinen Bewusstsein ein Wandel vollzogen hin zum Erhalt der Natur und den Schutz bedrohter Tiere, so dass Leder von diesen Tierarten heute nicht mehr in den Handel gelangen darf und höchstens künstlich hergestellt wird.

Einen speziellen Platz in der Schuhhistorie nehmen neben Arbeitsschuhen, Straßenschuhen, Sicherheitsschuhen, Gartenschuhen oder Freizeitschuhen die Sportschuhe ein. Auch der Zeha-Schuh, der hier seine Geschichte erzählt, gehört in diese Kategorie. Aber

der Reihe nach. Sportschuhe entstehen nicht spontan. Wer vor der Wende vom 19. zum 20. Jahrhundert Sport treibt, tut das in der Regel mit leichten Alltagsschuhen oder barfuß. Da gibt es noch nicht für jeden Sport den passenden Schuh dazu. Als in England die ersten Fußballclubs zwischen 1860 und 1890 gegründet wurden, trugen die Spieler noch lange nicht die Hightech-Töppen heutiger Machart. Erst Schritt für Schritt werden sie trittfester, leichter und weicher. Um das zu verwirklichen gehört die entsprechende Material- und Maschinenentwicklung dazu. So in etwa läuft für alle Sportarten die Entwicklung. Auch die schrittweise Zunahme der Freizeit führt dazu, dass immer mehr Menschen in ihr sportliche Aktivitäten entwickeln. Dementsprechend entwickelt sich parallel dazu die Sportschuhindustrie. Die ersten Sportschuhfabriken entstehen zu dieser Zeit in den USA und England. Auch in Deutschland folgen sie diesem Trend. Das Kino und das Fernsehen machen Sportschuhe populär und tragen dazu bei, dass sie auch ohne sportliche Aktivitäten getragen werden. Vor allem die 80-iger Jahre tragen mit dem Fitnessboom und dem Tragen von sportlichen Alltagsschuhen, den sogenannten Sneakern, durch Künstler in den neu aufgekommenen Musik-Videos auf MTV maßgeblich für die Verbreitung bei. Bekannte Sportler oder Musiker geben ihren Namen für ein speziell für sie designten Schuh her und verdienen sich gemeinsam mit dem Schuhhersteller eine goldene Nase. Heute werden populäre Schuhe der ersten Designerwelle wie die der US-Basketball-Ikone Michael Jordan von den Chicago Bulls zu horrenden Preisen versteigert und sind in einfacherer Ausführung aus dem Alltag nicht mehr zu verdrängen.

Nun haben wir ein wenig über die Historie der Schuhentwicklung gehört, doch ist es Zeit, dem Schuh in seinem typischsten Aufbau selbst einen kurzen Augenblick zu widmen. Im Grunde genommen ist er recht einfach zu beschreiben. Es gibt eine Laufsohle. Sie hat den direkten Kontakt mit dem jeweiligen Untergrund. Darüber befindet sich die sogenannte Brand- und Deckensohle.

Sie stellt den Kontakt zur Fußsohle des Trägers her. Der Fuß selbst wird rundherum vom Schaft umschlossen. Die drei Teile bilden einen Schuh und sind alle miteinander verbunden. Bei hochwertigen Schuhen, die vorzugsweise immer aus gutem Leder bestehen, erfolgt die Verbindung untereinander durch das Vernähen der einzelnen Teile. Das ist die qualitativ hochwertigste Form, kann in der Regel nur durch Handarbeit hergestellt werden und liegt dadurch im Preis meist über allen anderen Schuhen.

Einfachere Exemplare dagegen werden geklebt. Der alles verbindende Teil des Schuhs ist die Brandsohle. Auch ihre Beschaffenheit sagt etwas über die Schuhqualität aus. Bei preiswerten Schuhen bestehen sie aus Lefa, einem Lederfaserstoff, oder aus Karton und einem Kunstlederüberzug, während bessere Modelle eine aus Leder besitzen. Egal, woraus sie besteht; an ihr werden durch verschiedene Techniken die Laufsohle und der Schaft angearbeitet. Jedes der Teile hat seine Besonderheiten. Über die unterste Laufsohle haben wir schon einiges erfahren. Je nach Art der Anforderung an den Schuh besteht die Sohle aus unterschiedlichen Materialien und verschiedenen Profilierungen. Das reicht von glattem Leder bis hin zu starken und funktionellen Gummiprofilen. Die hier beschriebenen Varianten - Kleben und Nähen - sind hauptsächlich bei Straßenschuhen und Wanderschuhen anzutreffen. Bei Sportschuhen, wie beispielsweise die mit Spikes, entfällt schon mal das Nähen mit der Hand. Denn Spike-Schuhe für Sprinter oder Weitspringer sollen so leicht wie möglich sein, damit der Sportler nicht zusätzliches Gewicht an den Füßen verspürt. Solchen Schuhen wird die Laufsohle heute angespritzt und verbindet sich beim Austrocknen mit der Innensohle. Egal, um welchen Schuh es sich handelt – die grundlegenden Methoden der Herstellung eines Schuhs lassen sich heute überall auf der Welt finden. So selbstverständlich auch in Deutschland.

Die Schuhproduktion in Deutschland und in Thüringen

Bilden am Beginn der Schuhherstellung die unterschiedlichen geografischen und natürlichen Bedingungen die Voraussetzungen für die Schuhproduktion, so ändert sich das im Verlaufe ihrer Geschichte durch den zunehmenden Handel und der damit verbundenen Möglichkeit, die notwendigen Materialien auch über größere Distanzen zu den neu entstandenen Produktionsstätten zu transportieren. Die vielen neu erbauten Eisenbahnlinien für den Personen- und Warentransport in der Mitte des 19. Jahrhunderts in allen Regionen des Landes trugen maßgeblich dazu bei. Die technische Entwicklung brachte neue Gerätschaften hervor, die das Verarbeiten der schweren Lederbahnen erleichterten. Vor allem beim Leder bleibt die Nähe des Ausgangsmaterials anfänglich ein wichtiger Faktor bei der Schuherstellung, bis auch hier die Entfernungen zwischen der Materialherstellung in den Gerbereien und den Standorten der Endproduktion keine Rolle mehr spielen. Da moderne Schuhmaterialien erst sehr viel später den Markt erobern, stehen in Deutschland und ebenso in Thüringen von Anfang an nur Lederschuhe im Mittelpunkt. Deutsche und Thüringer Schuhproduzenten gehörten Anfang des 20. Jahrhunderts mit zu den größten Schuhproduzenten in Europa. Noch bis zum Ende des gleichen Jahrhunderts soll die Schuhfabrik Lingel, später VEB „Paul Schäfer“ in Erfurt, der größte Damenschuhproduzent in Europa gewesen sein. Schuhfabriken in der Mitte Deutschlands dürften also schon immer eine bedeutende Rolle gespielt haben. Gerade in der zweiten Hälfte des 19. Jahrhunderts begann mit dem technischen Fortschritt auch ein regelrechter Schuhboom. Aus den kleineren Handwerksbetrieben mit nur wenigen Beschäftigten erwuchsen größere Firmen, wobei mit der eingeführten Gewerbefreiheit neben Handwerksmeistern auch einfache Gesellen ein Unternehmen gründen konnten.

Auf der Suche nach Firmen der Schuhherstellung lassen sich noch genügend Beispiele finden, welche in diesen Zeiten das Licht der Welt erblickten. In Eisenberg an der Autobahn A 9, der Mohren-Stadt mit der prachtvollen Schlosskirche, findet sich im Steinweg das Schuhfachgeschäft Helcig. Ein Herr Friedrich Helcig gründete im Jahr 1894 seine Schuhreparaturwerkstatt in der Stadt, die er später mit einem Schuhverkaufsraum erweiterte. Nicht spektakulär, aber seit über einem Jahrhundert existent. Schon eine ganz andere Bedeutung hatte das kleine Städtchen Stadtilm in der Nähe von Arnstadt. Der bedeutendste Schuhproduzent der Stadt war die Firma Paul Hoffmann & Co KG, die seit 1898 Schuhe angefertigt hat. Sie produzierte die Marke „Ilmia“, die vor allem im Sportschuhbereich Erfolge feierte. Doch nicht nur das. Stadtilm beherbergte in ihren Mauern darüber hinaus eine ganze Anzahl vor allem kleinerer Schuhhersteller, die ebenfalls seit dem Ende des 19. Jahrhunderts existierten. So gab es noch die Ebert KG, gegründet im Jahr 1848, welche sich vorwiegend auf Arbeitsschuhe konzentriert hat und später vom Ilmia übernommen wurde. Das gleiche Schicksal betraf auch die Firma Louis Höring KG mit der Zahl 1849 im Gründungsjahr. Ihre Produktpalette umfasste neben einigen anderen Modellen auch Wanderschuhe.

In der Knopf-Stadt Schmölln, gelegen am kleinen Fluss Sprotte zwischen Gera und Altenburg, wurde 1887 die Firma Petzold, Pfeiffer und Co. gegründet. Sie hat über all die vielen Jahrzehnte ihrer Existenz sämtlichen Widrigkeiten getrotzt. Leider hat sich dieses Engagement zum Schluss nicht ausgezahlt. Trotz guter Auftragslage konnten sich die Produktionskosten im internationalen Vergleich nicht behaupten. Das Ende der Firma war besiegelt. Gar nicht so weit weg von Schmölln tat sich ebenfalls sehr Bemerkenswertes in Sachen Schuhproduktion. Das anhaltinische Weißenfels war ein sehr bedeutender Produktionsstandort der Schuhproduktion. Im Einflussbereich sächsischer Höfe gelegen war es eine der Aufgaben, den Hofstaat mit adäquatem Schuhwerk auszu-

statten. Damit einhergehend erfolgte ein steter Anstieg der Beschäftigten und weitere Firmen gründeten sich, welche Zulieferdienste übernahmen. Die hergestellten Schuhe schafften es auf Grund der vorhandenen Qualität sogar bis zum Absatz in Asien und Amerika.

Auch im Thüringer Vogtland tut sich Ende des 19. Jahrhundert einiges in Sachen Schuhproduktion. Am Zusammenfluss der beiden Flüsse Auma und Weida liegt der gleichnamige Ort Weida. Geschichtlich wird der Ort mit der Osterburg über den Dächern der Stadt als die „Wiege des Vogtlandes" bezeichnet. Die Vögte von Weida, daher der Name Vogtland, beherrschten seit dem 12. Jahrhundert die gesamte Region von der Saale bis in weite Teile von Sachsen, Böhmen und Franken hinein. Bis zu ihrem Machtverfall regierten sie einige Jahrhunderte über das riesige Territorium. Ihre Anwesenheit auf der Osterburg sorgte dafür, dass sich

Weida mit der Osterburg oberhalb des Flusses Weida

in der Stadt unterhalb ihrer Mauern im Laufe der Zeit immer mehr Menschen ein Zuhause suchten und in ihrem Sog all die Gewerbe ansiedelten, welche die Bewohner der Stadt und natürlich die herrschenden Vögte für ihre Existenz benötigten.

Bäcker für die Versorgung mit Brot. Töpfer für die Herstellung von Geschirr und Lagergefäßen. Weber zur Herstellung von Tuchen und Stoffen. Tuchfärber, um den einfachen Stoffen die richtige Farbe zu verpassen. Gerbereien, welche das Leder für die weitere Verarbeitung durch Zeugmacher und Schuhmacher bereitstellten. Da es mit den beiden Flüssen Auma und Weida sowie der Haltung von Rindern und Schweinen für die Versorgung genug natürliche Voraussetzungen für die Gerbereien gab, entwickelten sich diese zu einem der wichtigsten Handwerkszweige in und um Weida. Anfänglich stellten die Schuhmacher ihr benötigtes Leder noch selbst her. Als der Bedarf ihre Kapazitäten überstiegen, begann die Trennung der Schuhherstellung von der Lederherstellung. Eigenständige Gerbereien entstanden. Die heimische Region konnte nun auch den Bedarf an Fellen und Häuten nicht mehr in ausreichendem Maße sicherstellen, so dass diese zunehmend auch aus anderen Gebieten bezogen wurden. Wie sehr sich die Lederverarbeitung in Weida etablierte, soll folgendes verdeutlichen.

Der Einfluss der Gerbereien und Schuhhandwerker wuchs stetig an und reichte sogar soweit, dass es bereits im 16. Jahrhundert eine eigene Gerber- und Schuster-Innung gab. Die Entwicklung dieser Gewerke endete auch nicht mit dem Untergang der herrschenden Vögte. Sie hatten sich etabliert und expandierten weit über das Industriezeitalter hinaus bis in das 20. Jahrhundert. Eine der bedeutendsten Gerbereien wurde die Mitte des 19. Jahrhunderts gegründete Gerberei Francke direkt am Ufer der Weida unterhalb der Osterburg. Vier Generationen lang gerbte sie Rohmaterial zu Leder. Erst kurz vor dem Ende des 20. Jahrhunderts kam das Aus für den Traditionsbetrieb, dessen alte Gebäude heute ein Industriedenkmal der besonderen Art beherbergen und in dem man viele der alten Herstellungsprozesse einer Gerberei nachverfolgen kann.

Kurz vor Ausbruch des 2. Weltkrieges existierten in Weida noch immer eine ordentliche Anzahl an Firmen, die sich der Lederverarbeitung verschrieben haben. Da gab es die Lederwerke von Otto und Albrecht Dix, die sogar eine Aktiengesellschaft war. Es gab die Firmen von Heinrich Francke, Friedrich Francke, Carl Friedrich, Franz Prasse, Hugo Benisch, Oscar Dreyscharff, Carl Häßner, Franz Vitzhum und Adolph Zimmer. Noch zu DDR-Zeiten bestand der VEB Lederwerke Weida, ein großer Betrieb mit rund 800 Beschäftigten, der nach dem 2. Weltkrieg aus dem Lederwerk Otto und Albrecht Dix hervorging. Es waren also alles recht bedeutende Unternehmen, die der Wirtschaft von Weida den Stempel aufdrückten. Die große Erfahrung der Weidaer Firmen in der Lederverarbeitung drückte sich auch darin aus, dass die einzige Gerber-Schule mit dem Namen „Makarenko“ der ehemaligen ostdeutschen Republik in Weida stand. Als Beispiel wie solche Handwerksbetriebe funktioniert haben, nehme ich exemplarisch einmal die Firma Dreyscharff.

In einer Ausgabe der Hohenleubener Zeitung von 1901 lässt sich folgendes nachlesen: Ihr Gewerbe zur Produktion von Filzschuhen wurde im Februar 1874 angemeldet. Schon ein paar Jahre später begann man in der Firma mit der einfachen maschinellen Produktion, an der 25 Arbeiter beteiligt waren. 1907 diente eine Lokomotive der eigenen Erzeugung des benötigten Stromes. So war man unabhängig von anderen Quellen. Und noch etwas scheint die Firma ausgezeichnet zu haben – eine soziale Verantwortung des Inhabers gegenüber seinen Beschäftigten. Eine Zentralheizung und für damalige Verhältnisse moderate Arbeitszeiten gehörten zu den Aushängeschildern der Firma Dreyscharff. Selbst an gemeinsame Feiern wurde gedacht, wie zu lesen ist. Für alle in der Firma, samt ihren Familien, wurde ein Betriebsfest organisiert. Sie bekamen ein kostenloses Abendessen. Bier konnte bis zum abwinken getrunken werden. Selbst Zigarren wurden verteilt und die Frauen erhielten ein kleines Geschenk. Alle waren glücklich und zufrieden, was sich in entsprechenden Hoch-Rufen auf den Firmeninhaber äußerte. Der wiederum konnte sich ganz sicher darauf verlassen, dass sich die gute Stimmung dieses Abends in der Folgezeit gut auf das Arbeitsklima auswirken würde. Das steht zwar so nicht in der Zeitung, doch ist es kein Geheimnis, dass ein gutes Klima in einer Firma noch niemand geschadet hat.

Nicht alle Firmen überlebten die Entwicklung auf dem Schuhmarkt. Das Handwerk ist schon immer vom Kommen und Gehen gekennzeichnet. Nicht jeder trifft dabei die richtigen Entscheidungen. Mancher muss dann sein Geschäft schließen. Andere haben keine eigene Wahlmöglichkeit. Auch das gesellschaftliche Umfeld greift manchmal in das Geschehen ein. In der Zeit der Nationalsozialisten verloren viele Besitzer, vor allem jüdische, ihre Firma, weil sie nicht in deren menschenverachtendes System passten. Nach dem 2. Weltkrieg folgte für viele der nächste Schock. Auf deutschem Boden entwickelten sich völlig unterschiedliche Systeme der Weltanschauung. Während im Westteil des Landes dem Unternehmertum mit der freien Marktwirtschaft der Teppich ausgebreitet wurde, bestand man im Ostteil darauf, alles einer staatlichen Kontrolle zu unterziehen. Neben dem Zusammenschluss von kleineren Firmen zu vermeintlich wirtschaftlich stärkeren Unternehmen im Verlaufe der Jahre spielten im Osten Deutschlands zwei spezielle Jahrzehnte eine nicht unbedeutende Rolle, über die zu sprechen sein wird.

Ganz große privat geführte Firmen hatten keinen Platz mehr im alles planenden System. Sie wurden sofort enteignet. Kleine private Handwerksbetriebe durften weiter existieren, wo Vater Staat keine größeren Interessenskonflikte sah. Die Privatbetriebe, welche dazwischen lagen, duldete man lediglich noch ein paar Jahre nach dem Krieg, um die Not und Mangelwirtschaft nach dem Kriegsende etwas abzufedern. An der kurzen Leine gehalten ließ man den kleinen Firmen noch etwas Luft zum Atmen, die allerdings mit jedem Jahr weniger wurde. Bis zu jenen Jahrzehnten, welche den großen Bruch brachten. Was geschah in diesen Jahrzehnten?

Das erste sind die der neunzehnhundertsiebziger Jahre. Die Führung des Landes war zu deren Beginn der Meinung, selbst die letzten Vertreter der privaten Unternehmen aus ihrer Verantwortung zu nehmen und komplett der staatlichen Kontrolle zu unterstellen. Es begann eine Welle von Verstaatlichungen. Nicht mehr selbstbestimmtes Handeln bestimmte jetzt die Arbeit in den Betrieben, sondern staatlich vorgegebenes Tun. So wie beispielsweise in der Firma Paul Hoffmann & Co KG aus Stadtilm. Kriegsbedingt produzierte die Firma Stiefel für das Militär im 2. Weltkrieg. Nach 1945 spezialisierten sie sich dann auf die Herstellung von Sportschuhen. Ihre Verstaatlichung erfolgte 1972. Von nun an wurden ihre Modelle unter dem Namen „Germina-Ilmia“ im gleichnamigen staatlichen Kombinat vertrieben. So wie hier erging es tausenden anderen privat geführten Firmen. Das große private Unternehmertum verschwand von der Bildfläche bis auf ein paar ganz wenige Ausnahmen.

Das zweite entscheidende Jahrzehnt ist das der neunzehnneunziger Jahre. Als die damalige DDR in den letzten Wochen des Jahres 1989 ihre Türen in die weite Welt fast unfreiwillig öffnete, da konnte noch keiner wissen, wie sich alles entwickeln würde. Anfänglich währte noch die Hoffnung auf einen neuen gesellschaftlichen Weg der die eigene ostdeutsche soziale Komponente mit den neuen Möglichkeiten der freien Marktwirtschaft zusammen bringen sollte, doch die Ereignisse brachen wie eine Sturmflut über den Osten her. Danach war nichts mehr wie vorher.

Die ehemaligen volkseigenen Betriebe standen plötzlich in direkter Konkurrenz zu den westdeutschen Firmen. Das neue Geld, die wirtschaftliche Übermacht des Westens, die marode ostdeutsche Volkswirtschaft und falsche politische Entscheidungen brachen der ostdeutschen Wirtschaft das Genick. Betriebe wurden für „einen Apfel und ein Ei“ an westdeutsche Unternehmen über die Treuhand verkauft oder fast verschenkt. Die Preise der ostdeutschen Produkte konnten mit der anderen Seite nicht konkurrieren und fanden keine Abnehmer mehr. Die ehemaligen Absatzmärkte in Osteuropa fielen den Auflösungserscheinungen der dortigen Länder zum Opfer. All das führte dazu, dass viele Betriebe zum Schluss einfach nicht mehr auf dem Wirtschaftsmarkt bestehen konnten, obwohl ihre Auftragsbücher noch gut gefüllt waren. Wenn sie Glück hatten, konnten sie verkauft werden und bekamen einen neuen Eigentümer, der nur leider allzu oft das zugehörige Grundstück im Blick hatte. Wenn sie Pech hatten, wurden sie einfach „abgewickelt“. Verlierer waren meist die Beschäftigten, die teils nach vielen Jahren ihrer Betriebszugehörigkeit plötzlich auf der Straße standen. Wie bei Petzold, Pfeiffer und Co in Schmölln. Vor dem Ende der DDR hatte der Betrieb über dreihundert Beschäftigte. Als er nach der Währungsunion von der Treuhand verkauft wurde, blieben noch knappe zehn Prozent davon in Lohn und Brot. 1992 endete seine Geschichte wie die vieler anderer. Von einer von ihnen erzählt die folgende Geschichte, die alle Höhen und Tiefen erlebt hat.

Carl Häßner
Einer von Ihnen

Gedanklich kehre ich wieder nach Weida zurück. Haben Sie noch ein paar der Firmennamen im Kopf, die 1938 in Weida in der Leder- und Schuhherstellung aktiv waren? Nein? Dann hier eine Antwortmöglichkeit: Carl Häßner.

Carl Häßner aus dem Jahr 1938 ist der Sohn des Firmengründers Carl Häßner. Sind sie jetzt etwas verwirrt? Das verstehe ich. Die Auflösung ist jedoch recht einfach.

Deshalb tauchen wir wieder ein in die Geschehnisse des 19. Jahrhunderts im vogtländischen Weida, wo sich Dank der natürlichen Ressourcen und den Erfahrungen der Vorgängergenerationen eine solide Basis im handwerklichen Bereich herausbildet hat, deren Entwicklung durch die Errungenschaften der Industrialisierung an Fahrt aufnimmt und aus den kleinen Handwerksbetrieben langsam Industriebetriebe werden. Die anfänglich noch recht kleinen Betriebe beginnen sich personell und technisch zu erweitern. Die bis dato in vielen Bereichen schwere körperliche Arbeit ersetzen Stück für Stück kleine elektrische Motoren oder wo diese noch nicht vorhanden sind die Dampfmaschinen. Die Produktion kann über den regionalen Bedarf hinaus gesteigert werden und der Bau neuer Eisenbahnlinien ermöglicht den Verkauf in weiter entfernte Regionen. Auch Weida kommt in den Genuss der neuen Vertriebswege.

Wer heute vom Norden aus in die Stadt einfährt, dem wird eines ganz gewiss seinem Blick nicht entgehen; es ist die 28 Meter hohe und 185 Meter lange Gitterbrücke über das Tal des Oschütz-Baches. Sie wurde 1884 fahrbereit fertiggestellt und verband 99 Jahre lang das Thüringer Vogtland-Städtchen Weida mit dem Vogtland-Städtchen Mehlteuer in Sachsen. Damit diente sie gleichzeitig als Verbindungsstück zu der schon einige Jahre vorher fertiggestellten Bahnstrecke vom sächsischen Werdau nach Weida. Wer heute unter der immer noch imposanten Brücke steht, der kann nur staunend seinen Kopf in die Höhe recken, das technische Denkmal mit großen Augen betrachten und die Leistung der damaligen Ingenieure neidvoll bewundern.

Mit geringerem Aufwand, doch mit viel Enthusiasmus beginnen ein paar Unentwegte den Weg in die Selbständigkeit. Einer von ihnen ist Carl Hermann Eduard Häßner. Im November des Jahres 1862 erblickt er im östlichen Teil von Weida das Licht der Welt. Sein Vater, Gustav Carl Ferdinand Häßner, hat mit dem, was sein Sohn später tut nur entfernt etwas zu tun. Er war Schlossermeister.

Eisenbahnviadukt in Weida über den Oschützbach

Mit noch 34 Jahren entscheidet sich Carl Häßner, so der üblicherweise verwendete Name, den Schritt in die handwerkliche Selbständigkeit zu gehen. Am 3. Februar des Jahres 1897 beantragt er die Genehmigung zur Zulassung eines Betriebes.

Eine Schuhfabrik soll es sein, wie es sie schon von einigen anderen vorher gibt. Der Grund dafür kann die Herkunft seiner Mutter Auguste Friederike sein, die die Tochter des Schuhmachermeisters Stein war. Die allererste Betriebsstätte von Carl Häßner wird auf dem damaligen Wilhelmsplatz, dem heutigen Platz der Freiheit, mitten im Zentrum der Stadt und umringt von einer

Schleife, welche das Flüsschen Weida hier unterhalb der Osterburg bildet, eingerichtet. Ein Firmenname muss her und er soll kurz und prägnant sein. So entsteht der Name seines Betriebes aus

Gustav Häßner um 1910 in Weida (Vater von Carl Häßner)

den gesprochenen Anfangsbuchstaben seines Vornamen Carl und seines Nachnamens Häßner, also Ce und Ha. Um es optisch zu einem ansprechendem Namen zu gestalten, wird das Ce zu einem Ze umgeschrieben und auch so ausgesprochen. Der Name Zeha ist geboren.

Die ersten Schuhe, welche sie vorwiegend herstellen, sind Filzschuhe und Filzpantoffeln. Dafür werden noch keine größeren Maschinen benötigt, denn sie werden vorwiegend in Handarbeit hergestellt. Das Geschäft läuft gut. 1905 erwirbt er die technischen Maschinen aus der ehemaligen Schuhfabrik Ruppert, stellt auf elektrischen Antrieb um und rüstet damit seinen Betrieb

Alwine und Carl Häßner (Firmengründer)

auf. Den deshalb schon recht früh notwendigen Erweiterungen keinen Platz mehr hier bietend, bedarf es einer räumlichen Veränderung. Diese findet sich 1909 gleich in der direkt anschließenden Mittelstraße, wo Carl Häßner in das von einem Fleischermeister Reihl erworbene Grundstück einzieht. Nach einigen erforderlichen Umbauten wird die Filzschuhherstellung mit der attraktiveren Lederschuhherstellung ergänzt, in der jetzt immerhin fast 30 Beschäftigten in Lohn und Brot stehen. Es dauert also nicht einmal zehn Jahre, bis sich der Betrieb von einem kleinen Handwerksbetrieb zu einem gut laufenden Kleinbetrieb herausgearbeitet hat. Bald helfen auch seine beiden Söhne Ernst und Carl in der Firma mit.

Schon mit ganz jungen Jahren erfolgte Carls Einstieg in die Firma seines Vaters. Carl, 1893 geboren, heißt mit vollständigem Namen Carl Wilhelm Heinrich Häßner. Seine frühe Teilnahme am Geschehen der Firma seines Vaters legt die Basis für sein späteres Wirken darin. Von der Pike auf erlernt er welche Arbeiten bei der Schuhherstellung anfallen und wie eine Firma als Ganzes funktioniert.

Die Jahre vom Ersten zum Zweiten Weltkrieg

Es hätte alles so gut weiterlaufen können, wenn nicht der 1. Weltkrieg vom Zaun gebrochen wäre. Die männlichen Mitarbeiter ziehen in den Krieg, die Frauen werden entlassen und die bis dahin laufende Produktion wird kriegsbedingt eingestellt. So nimmt in dieser Zeit das neu entwickelte Klebeverfahren für die Schuhherstellung, welches große Massenproduktionen ermöglicht, leider keinen Einzug in die Firma, doch es steht für später schon bereit. Auch die schon mithelfenden Söhne müssen ihren Kriegsdienst ableisten. Während Carl aus dem Krieg wieder nach Hause zurückkehrt, bleibt sein Bruder Ernst tot auf dem Schlachtfeld zurück.

Nach dem Ende des Krieges dauert es ein wenig, bis wieder Normalität einkehrt. In Weida machen sich die die Häßners daran, ihre kleine Firma wieder zum Leben zu erwecken. 1919 schaffen sie es, mit der Firma erneut Schuhe zu produzieren. Die Produktion liegt jetzt auf dem Schwerpunkt Straßenschuh. Sohn Carl hat seinem Vater Carl bewiesen, dass ihm das Schuhgeschäft im Blut liegt. Mit seiner bisher gesammelten Erfahrung übernimmt er nun die kaufmännische Arbeit in der Firma seines Vaters. Die sogenannten „Goldenen Zwanziger“ beginnen für die Häßners nicht gerade golden. Die Konkurrenz ist nach den Kriegsjahren natürlich auch darauf bedacht, wieder ins Geschäft einzusteigen und jeder versucht etwas von der aufsteigenden Euphorie zu ergattern. Es besteht zwar eine große Nachfrage nach Schuhen jeglicher Art, doch ein Problem für alle ist das Material. Der Krieg hat viele Ressourcen aufgebraucht und es müssen erst wieder die entsprechenden Voraussetzungen für die Schuhproduktion geschaffen werden. Erst Mitte der zwanziger Jahre ist die Delle überwunden

Zeha-Mitarbeiter in Weida 1925

und die Häßner`sche Schuhfabrik kann wieder bessere Zahlen in Herstellung und Verkauf schreiben. Nun ist die Produktion in ausreichendem Maße die eine Seite. Die andere Seite ist der Verkauf an diejenigen, welche die Schuhe gerne hätten. Heute wäre das in der Regel alles kein Problem. Online-Shops und ein ausgeprägtes Handelsnetz sorgen dafür, dass fast jeder Wunsch, egal wonach und egal wann, befriedigt werden kann.

Deutschland befindet sich einige Jahre nach dem Krieg in einer Phase der politischen Stabilisierung. Die Zeit der Lebensmittelrationierung und die zur Inflation führende übermäßige Gelddruckerei ist vorbei. Der Aufschwung, den auch die Schuhfabrik Häßner erfährt, spiegelt sich im gesamten Land wider. Nach den Jahren in denen wohl mehr Soldatenstiefel als jedes andere Modell produziert wurden, stehen wieder vermehrt Straßenschuhe in den Versandlagern. Die Menschen kehren aus ihrer Zurückhaltung in das Leben zurück. In den Großstädten explodiert es geradezu. Vergnügungsviertel, Bars, Tanzlokale, Kinos und andere Etablissements laden zu Ausschweifungen aller Art ein. Die Weimarer Republik erlebt durch Währungsreform und ausländisches Kapital einen ungeahnten Aufschwung, der nun im eigenen Land produziert wird. Das Geld ist wieder etwas wert und Arbeit lohnt sich wieder.

Das Ende der deutschen Benachteiligung im internationalen Handel Anfang 1925, hervorgerufen durch die einseitigen Handelsvorteile, die Deutschland als Kriegsverursacher anderen Ländern zu gewähren hat, beflügeln alle Lebensbereiche. Steuererleichterungen der Regierung für die produzierenden Betriebe sorgen für den Erwerb neuer Maschinen und Technik und somit überall für ein hohes Warenangebot. Jetzt macht es sich bezahlt, dass der Stammsitz Weida vor vielen Jahren an das Eisenbahnnetz angeschlossen wurde, denn nun können darüber die produzierten Schuhe zu der weiter entfernten Kundschaft geliefert werden.

In den zwanziger Jahren erblüht nicht nur die Wirtschaft, sondern viele andere Bereiche erholen sich ebenfalls. Eine kleine Broschüre des Bundesministeriums für Wirtschaft und Klimaschutz zählt zum Ende dieses Jahrzehnts ein paar interessante Zahlen auf. So besuchen 353 Millionen Menschen ein Kino im Jahr 1928. Im gleichen Jahr befördert die Reichsbahn 2 Milliarden Reisende. Davon sicherlich nicht wenige die sie so zu tollen Reisezielen bringt, denn gleichzeitig werden in diesem Zeitraum 9,1 Millionen Gästeanmeldungen verzeichnet. Die letzte Zahl aus der Broschüre betrifft das Freizeitverhalten vieler Menschen jener Zeit, denn 71.100 Vereine in allen möglichen Sparten bieten einer großen Schicht der Bevölkerung ausreichend Abwechslung, wozu auch die Einführung des Acht-Stunden-Tages beiträgt. Schon weit vorher gibt es einen Verein in Weida. Inspiriert vom englischen Fußball, der ein paar Jahre zuvor seinen Siegeszug auch auf dem europäischen Festland antritt, gründet sich in Weida der FC Thüringen Weida. Auch aus der Familie Häßner gibt es Bezugspunkte zum Verein. Sohn Carl, bereits seit vielen Jahren im Verein des FC Thüringen Weida als Fußballer sportlich aktiv, übernimmt 1922 den Vorstand des Vereins. Um es schon vorweg zu nehmen – er wird dieses Ehrenamt bis zum Ende des 2. Welt-

Knabenfußballmannschaft Weida 1930

krieges ausüben. Seine sportlichen Aktivitäten im Fußballclub werden nicht ohne Auswirkungen auf das spätere Produktionssortiment der Firma sein.

Leider entwickelt sich die Wirtschaft nicht auf Dauer positiv. In Amerika, dem wirtschaftlich mit am stärksten aus dem 1. Weltkrieg hervorgegangenen Land, führen Börsenspekulationen zu einem großen Knall, der die Welt in eine große Weltwirtschaftskrise stürzt. Amerikanische Gläubiger ziehen ihr Geld aus Europa ab und die europäischen Aktienmärkte brechen zusammen. Bankkunden fordern ihr Geld zurück und diese wiederum die Kundenkredite. Im Ergebnis dieser ganzen Ereignisse steigen die Arbeitslosenzahlen, die Firmenbankrotte, die Inflationen und die Nöte der Menschen rasant an. Die Unzufriedenheit steigt.

Politisch spielt die Entwicklung den aufstrebenden Nationalsozialisten in die Hände. Von den politischen und wirtschaftlichen Problemen bleibt auch die Schuhfabrik Häßner nicht verschont. Leider musste schon 1922 die Feier zum 25-jährigen Zeha-Betriebsjubiläum auf Grund der Nachkriegsprobleme und der nachlassenden Produktion ausfallen. Der danach folgende Aufschwung wird durch die Inflation und den Wirtschaftsabschwung ausgebremst. Die Firma Häßner kann durch die Absatzprobleme nicht mehr alle Beschäftigten halten. Doch Dank guter Firmenführung bleibt sie am Leben und produziert mit stark verminderter Arbeiteranzahl weiterhin Schuhe. Weniger als die Hälfte der vorherigen Mitarbeiter sind übriggeblieben, bringen Straßenschuhe auf den Markt und verkauft diese vorwiegend in Ostthüringen und Westsachsen. Es ist und bleibt ein schwieriges Jahrzehnt für Häßners Schuhfabrik, doch sie überstehen das Auf und Ab.

Leider finden die Ideen der Weimarer Republik keine große Anhängerschaft in den kommenden Jahren. Eines der dunkelsten Kapitel Deutschlands überkommt das Land. Der Nationalsozialismus mit dem Faschismus in seiner übelsten Form verdunkelt das Land für eine lange Zeit. Auch die Schuhfabrik Carl Häßner bleibt davon nicht ausgeschlossen, wenn auch auf einer ganz anderen Seite. Es ist der 2. August 1935.
Carl Häßner Senior, der Gründer der Schuhfabrik Häßner schließt im Alter von fast 73 Jahren für immer seine Augen. 38 Jahre stand

er davon in seiner Firma an der Spitze. Steht die Firma jetzt vor dem Aus? Übernimmt einer seiner Kinder die Schuhfabrik? Immerhin haben einige von ihnen ja bereits in der Firma mitgearbeitet. Doch Mitarbeiter zu sein oder eine Firma zu leiten sind zwei völlig verschiedene Dinge. Für Häßners zweite Ehefrau als Erbin kommt eine Weiterführung unter ihrer Regie wohl nicht in

Carl Häßner um 1936

Frage. Das Ende von Carl Häßner Seniors Lebenswerk liegt bedrohlich nahe, denn der Familie selbst geht es auch nicht besonders gut. Finanzielle Probleme, hervorgerufen durch die Umsatzverluste in Folge der schwierigen gesellschaftlichen Situation der letzten Jahre im Land, tragen ihren Teil zu dieser Lage bei. Doch es bahnt sich eine Lösung an. Fast ein Jahr genau nach Carl Häßner Seniors Tod findet sich ein Teil der Familie beim Notar ein. Alwine, Witwe und Alleinerbin, veräußert die Zeha-Schuhfabrik an ihren Sohn Carl Häßner Junior, der schon in all den Jahren in der Firma mitgearbeitet hat und sie in- und auswendig kennt. In dieser Situation zeigt sich, dass vieles in den letzten Jahren in der Firma Häßner richtig gemacht wurde. Daran knüpft die neue Firmenleitung unter Carl Häßner Junior an. Gute handwerkliche Arbeit wurde und wird immer hoch geschätzt. Deshalb wird viel Kraft, Energie und Fleiß in die Verbindung von solider Arbeit und guter Qualität gesteckt. Ihre Zuverlässigkeit bei der Lieferung bestellter Waren in der Vergangenheit wird jetzt wieder belohnt. Aufträge erreichen die Firma aus ganz Deutschland dank rühriger Handelsvertreter.

Neben normalen Straßenschuhen wird in dieser Zeit schon die Grundlage für das sehr viel spätere Hauptsortiment gelegt. Angeregt durch seine sportlichen Aktivitäten beim FC Thüringen Weida beginnt Carl Häßner mit der Produktion von sportlichen Straßenschuhen, doch schon bald wird sich vieles im Sortiment verändern. Der Firma spielt in die Hände, dass sich die neuen angehenden deutschen Machthaber darauf konzentrieren, vermehrt ihre benötigten Produkte in Deutschland selbst herzustellen. Das trifft auch auf die Schuhproduktion zu. Deutsche Marken sind beliebt und setzen sich auf dem einheimischen Markt durch. Ein Nachteil ist, dass die Importe für gutes Leder aus dem Ausland zurückgehen, doch für einen Bereich sind sie immer noch das Material Nummer eins – dem Militär. Für die Häßner`sche Schuhfabrik heißt das zuallererst, den Großteil ihrer Produkte aus Stoff oder Kunstleder herzustellen. Von diesem Material gibt es ausreichend und so steigt die Produktion wieder. Bis zu jenem 1. September 1939, als Deutschland mit seinem Angriff auf Polen den Zweiten Weltkrieg auslöst.

Erneut steht die Firma vor der Schließung, die ihr diesmal von außen angetragen wird, obwohl die Produktion gut läuft. Dem gegenüber stehen zwei größere Probleme: Keine ausreichende Materialbelieferung und die zu klein gewordenen Arbeitsflächen in der Mittelstraße. Leider sieht sich die Stadt Weida nicht in der Lage, einer Erweiterung zuzustimmen. Möglicherweise spielt da der wenige Platz in der Altstadt eine Rolle. Es kann aber auch politischer Druck auf die Stadt ausgeübt worden sein, die Erweiterung zu verhindern. Es ist eine Spekulation. Die männlichen Firmenangehörigen werden erneut zu großen Teilen zur Wehrmacht einberufen und viele von ihnen werden den Krieg nicht überleben. Man versucht sich innerhalb der Schuhfabriken in der Stadt selbst zu helfen.

Schuhfabrik im polnischen Kowal (Kujawien-Pommern)

Eine skurrile Situation erlebt die Schuhfabrik, als aus Kleve am Niederrhein Beschäftigte der Kinderschuh-Fabrik Bause nach Weida umgesetzt werden, um in der Firma Häßner zu arbeiten. Doch bald gibt es ein weiteres Problem in der Firma Häßner. Inhaber Carl Häßner wird Anfang der neunzehnvierziger Jahre verpflichtet, im zentralpolnischen Städtchen Kowal eine Schuhfabrik aufzubauen. Auf Grund ihrer Nähe zur Ostfront ist sie sicherlich für einen schnelleren Nachschub an die Armee angedacht. Das für die normale Straßenschuhproduktion kaum Leder zur Verfügung steht, muss die Wehrmacht nicht stören. Ihre Versorgung mit Lederstiefeln hat natürlich Priorität. Lange besteht die Fabrik nicht, denn der Vormarsch der russischen Armee beginnt kurz nach der Niederlage der deutschen Wehrmacht bei Stalingrad im Februar 1943. Bald werden sie Polen erreichen und die meisten Deutschen fliehen vor den Herannahenden in Richtung Westen. Mit ihnen werden auch die finanziellen Verpflichtungen aus der Firma in Kowal nach Weida mitgehen, welche die Schuhfabrik Häßner dort in große finanzielle Schwierigkeiten bringt.

Das nicht nur die Gegenwart mit bürokratischen Hemmnissen zu tun hat, sondern dies schon immer zu allen Zeiten ein Problem ist, belegt ein sich über drei Jahre hinziehender Schriftverkehr bezüglich einer offensichtlich recht kleinen baulichen Veränderung in der Weidaer Mittelstraße, dem Sitz der Schuhfabrik Häßner. Ein Bauantrag ist gestellt. Schon im Mai 1939. Es soll eine Durchfahrt errichtet werden, bei deren Bau gleichzeitig eine Abortanlage in eine Wohnung, heute sagt man dazu eher Toilettenanlage, integriert werden soll. Dazu findet am 20. Dezember 1940 vor Ort eine Baustellenbesichtigung statt. Beteiligt ist daran unter anderem auch das Arbeitsamt Gera. Das wiederum schreibt an die Baupolizei der Stadt Weida mit Datum vom 15.Januar 1941 einen Brief mit der daraus hervorgehenden Konsequenz, dass beide Arbeiten zwar noch zurückgestellt werden könnten, doch bereits eine Baufreigabe für den Abort in Aussicht gestellt wird, sofern die erforderlichen Materialanforderungen nachgereicht werden. Obwohl seitens des Architekten der Schuhfabrik auf einen zusammenhängenden Bau verwiesen wird, sieht das Arbeitsamt nur die Freigabe für den Abort vor. Daraufhin antwortet der planende Architekt am 28. März 1941 zwar etwas gereizt in einem Schreiben an den Weidaer Bürgermeister auf die Absicht des Arbeitsamtes, doch reicht er die gewünschten Unterlagen ohne die geplante Durchfahrt ein. Das Arbeitsamt Gera erteilt am 18. April 1941 die Zustimmung zum Bau der Abortanlage. Am 28. April 1941 fühlt sich das Gewerbeaufsichtsamt Gera bemüßigt, noch ein paar Bedingungen für die Inbetriebnahme der Abortanlage zu diktieren, die da wären:

- eine gute Belüftung und ausreichend Licht sind zu gewährleisten
- die Sammelgrube ist unfallsicher abzudecken
- alle hygienischen Anforderungen sind einzuhalten und
- sämtliche Unfallverhütungsvorschriften
- nach außen zu öffnende Türen und der jeweiligen Beschriftung mit „Frauen“ und „Männer“
- die Aborte sind mit starken Wasserstrahl, und die Pissoirs mit einfacher Wasserspülung zu versehen

Das Stadtbauamt Weida informiert mit Schreiben vom 18. Juni 1943 den Bürgermeister dann über den aktuellen Stand. Es teilt mit, das mit dem Bauerlaubnisschein Nr. 4 vom 19. Mai 1941 die baupolizeiliche Erlaubnis zur Ausführung der Abortanlage erteilt ist. Die Arbeiten sind allerdings nicht ausgeführt und auch eine nochmalige Verlängerung vergeht ohne Bauarbeiten. In der Zwischenzeit hat das Arbeitsamt Gera mit Datum vom 2. Februar 1943 erneut Bedenken gegen den Bau ausgesprochen. Die Schuhfabrik Häßner muss erneut eine Ausnahmegenehmigung beantragen. Die Kosten für beide Baumaßnahmen betragen zu dieser Zeit übrigens 5000 Reichsmark. Ob unter all diesen Umständen inklusive Kriegszeit, finanzielle Probleme in der Firma und Versetzung von Carl Häßner nach Polen die Arbeiten noch ausgeführt werden bleibt im Dunkeln. Ein weiterer Briefverkehr ist nicht bekannt. Doch allein die vorhandenen Unterlagen reichen aus, um das ganze Theater zu erkennen, zu dem eine „gute“ Bürokratie in der Lage ist.

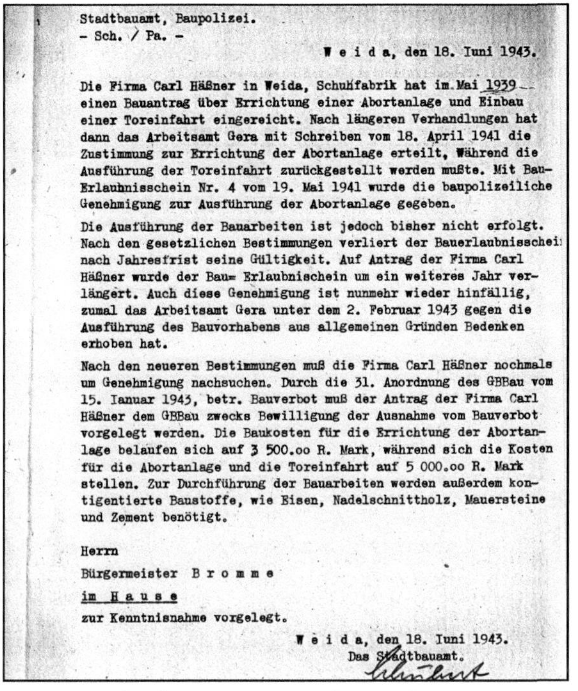
Stadtbauamt, Baupolizei.
- Sch. / Pa. -

W e i d a, den 18. Juni 1943.

Die Firma Carl Häßner in Weida, Schuhfabrik hat im Mai 1939 einen Bauantrag über Errichtung einer Abortanlage und Einbau einer Toreinfahrt eingereicht. Nach längeren Verhandlungen hat dann das Arbeitsamt Gera mit Schreiben vom 18. April 1941 die Zustimmung zur Errichtung der Abortanlage erteilt, während die Ausführung der Toreinfahrt zurückgestellt werden mußte. Mit Bau-Erlaubnisschein Nr. 4 vom 19. Mai 1941 wurde die baupolizeiliche Genehmigung zur Ausführung der Abortanlage gegeben.

Die Ausführung der Bauarbeiten ist jedoch bisher nicht erfolgt. Nach den gesetzlichen Bestimmungen verliert der Bauerlaubnisschein nach Jahresfrist seine Gültigkeit. Auf Antrag der Firma Carl Häßner wurde der Bau= Erlaubnischein um ein weiteres Jahr verlängert. Auch diese Genehmigung ist nunmehr wieder hinfällig, zumal das Arbeitsamt Gera unter dem 2. Februar 1943 gegen die Ausführung des Bauvorhabens aus allgemeinen Gründen Bedenken erhoben hat.

Nach den neueren Bestimmungen muß die Firma Carl Häßner nochmals um Genehmigung nachsuchen. Durch die 31. Anordnung des GBBau vom 15. Januar 1943, betr. Bauverbot muß der Antrag der Firma Carl Häßner dem GBBau zwecks Bewilligung der Ausnahme vom Bauverbot vorgelegt werden. Die Baukosten für die Errichtung der Abortanlage belaufen sich auf 3 500.oo R. Mark, während sich die Kosten für die Abortanlage und die Toreinfahrt auf 5 000.oo R. Mark stellen. Zur Durchführung der Bauarbeiten werden außerdem kontigentierte Baustoffe, wie Eisen, Nadelschnittholz, Mauersteine und Zement benötigt.

Herrn

Bürgermeister B r o m m e

im H a u s e

zur Kenntnisnahme vorgelegt.

W e i d a, den 18. Juni 1943.
Das Stadtbauamt.

Letzter Bescheid zum Bau einer Abort-Anlage

Ein Lichtblick gibt es in all den Jahren. Carl Häßner und seine Frau Marie bekommen insgesamt drei Kinder. Zwei Mädchen und einen Jungen. Traditionell wird der im Jahr 1925 geborene Sohn wie sein Vater und sein Großvater Carl heißen. Mit einem kleinen Unterschied; aus Carl wird ein Karl mit K. 1942 nimmt er eine Kaufmannslehre in der väterlichen Schuhfabrik auf. Der immer noch stattfindende Krieg zieht auch Karl auf das Schlachtfeld, von dem er schwer verwundet zurückkehrt. Wenn man das berücksichtigt, dann darf sein späteres hohes Alter von über neunzig Jahren fast schon als kleines Wunder bezeichnet werden. Die Arbeit in Weida geht unterdessen weiter und fast könnte man meinen, dass hier die Welt trotz des Krieges noch in Ordnung ist. Es wird alles getan, um den Beschäftigten ein sicheres Gefühl zu geben, wie ein Bild von einem Betriebsausflug nach Ziegenrück zeigt.

Betriebsausflug der Firma nach Ziegenrück 1944

Carl Häßner führt derweil die Schuhfabrik im polnischen Kowal. Anfang 1945 kehrt er von dort nach Weida zurück. Manchmal geschehen Dinge, die zu völlig verschiedenen Ereignissen führen. Die Nationalsozialisten versuchen immer wieder in ihrer Herrschaftszeit, leitende Köpfe von wichtigen Betrieben zum Eintritt in die NSDAP zu bewegen. Viele erliegen diesen Versuchen, auch weil sie sich Aufträge für ihre Firmen erhoffen. Carl Häßner tut es nicht. Das hat Folgen. Positive und negative. Für die Schuhfabrik Häßner bedeutet die negative Seite, dass sie kaum normale Aufträge bekommt, die sie so richtig am Leben erhält. Noch schwerer wiegt die Tatsache, dass sie keine der in dieser Zeit so lukrativen Aufträge der Wehrmacht bekommt, die sehr gute Einnahmen versprechen. Im Ergebnis dessen müssen die Arbeitszeiten gekürzt werden, denn für Hausschuhe und Kinderschuhe gibt es in Kriegszeiten nicht den ganz großen Bedarf. So mühen sich alle bis in das Jahr 1945.

Marie und Carl Häßner 1944

Während Russland vom Osten vorrückt, kämpfen sich die Alliierten vom Westen her nach Deutschland vor. Das Ende des Nationalsozialismus ist nah. Am 16. April 1945 marschieren die Amerikaner in weiten Teilen des Vogtlandes ein und damit auch in Weida. Ein paar Tage später endet mit der offiziellen Kapitulation Deutschland endgültig der Zweite Weltkrieg und die Menschen im Land schöpfen wieder Hoffnung auf ein besseres Leben. Auch in den Betrieben wächst der Wunsch nach einem wirtschaftlichen Aufschwung, doch fehlt es nach dem Krieg erst einmal an fast allem Notwendigen. Der einzige fast frei verfügbare Rohstoff ist Holz, weswegen es zuerst einmal in die Produktion von Holzschuhen, Holzpantoffeln und Holzgebrauchswaren geht. Unter der

Silberhochzeit von Marie und Carl Häßner 1945

Administration der Amerikaner und mit ihrer Duldung wird die Produktion wieder angekurbelt. Mehrere Einzelstandorte werden in Ermangelung größerer Gebäude genutzt und die Arbeit wird wieder zum Laufen gebracht. Wie die meisten Betriebe wird auch in der Schuhfabrik Häßner und in deren Privaträumen durch die Amerikaner nach Hinweisen gesucht, ob sie in Geschäfte oder ähnliches mit den Nationalsozialisten verwickelt waren. Hier kommt nun die positive Seite der Entscheidung Carl Häßners zum Tragen, nicht in die NSDAP eingetreten zu sein, und deshalb auch keine Aufträge der Wehrmacht bekommen zu haben. Ein einziger Beweis für eine Kooperation mit den Nazis und seine Verhaftung wäre die Folge. So kann Carl Häßner die Schuhfabrik erst einmal weiter betreiben, auch wenn er eine subtile Art der Demütigung erdulden muss, in dem er, der bisher als Kaufmann tätig war, profane Straßenkehrarbeiten für die Stadt Weida erledigen muss, um angeblich das richtige Arbeiten zu lernen. Der private Höhepunkt 1945 ist für Carl Häßner die Silberhochzeit mit seiner Frau Marie.

Betrieblich ergeht es ihm und seiner Schuhfabrik immer noch besser als allen anderen Schuhfabriken in Weida. Diese werden allesamt noch enteignet. Nach dem Abzug der Amerikaner wird aus ihnen der neugegründete Volkseigene Betrieb (VEB) Weidaer Schuhfabrik.

Der Mut zum Neuanfang

Diese erste Phase des Neubeginns unter amerikanischer Hoheit dauert leider nur ein paar Monate. Auf Grund geopolitischer Entscheidungen der vier Siegermächte auf ihrer Konferenz in Jalta gibt es andere Pläne. Mitteldeutschland mit dem heutigen Sachsen-Anhalt, Thüringen und Sachsen gehören nach den dortigen Abkommen zur geplanten Sowjetischen Besatzungszone. Aus Sicht der Russen geht zum Ende des Krieges der amerikanische Vormarsch dummerweise schneller vonstatten als gedacht, so dass die Amerikaner bis zur Elbe vorrücken und sich hier einrichten. Natürlich haben sie dabei das Ziel, sich so viel wie möglich vor den Russen einzuverleiben und in ihren Einflussbereich zu bringen.

Es dauert nicht lange und die ersten Gerüchte machen die Runde, die besagen, dass die Amerikaner bald wieder abziehen und die Russen die Verantwortung übernehmen, so wie es in Jalta beschlossen wurde. Die Angst vieler Deutschen vor den Gräuelgeschichten die über die russische Armee noch aus der Zeit des

Krieges kursieren, lässt viele von ihnen in Richtung Westen und Süden fliehen. Haus, Hof und Betriebe werden zurückgelassen oder das Knowhow in Form von Maschinen und Unterlagen geht gleich ganz mit. Den Amerikaner kommt das entsprechend ihren Ambitionen entgegen, so dass sie den Weggang sogar unterstützen. So blutet der Osten des Landes zum ersten Mal aus.

Anfang Juli 1945 ist es dann Realität. Die Russen ziehen in Thüringen ein und die Amerikaner verlassen Thüringen. Aus der bis dahin den Alltag in Thüringen beherrschenden rot-weiß-blauen Flagge des amerikanischen Sternenbanners wird die rote russische Flagge mit Hammer und Sichel. Das für viele sich bis dahin gute Gefühl weicht jetzt einer größeren Unsicherheit. Niemand weiß genau, wohin die jetzt führt und welche Absichten die russische Führung hat. Den Menschen fehlt es an Nahrung, Kleidung, Wohnung und Perspektive. Eines muss in dieser Zeit den Russen zugesprochen und zu Gute gehalten werden – als erstes versuchen sie den Menschen zu helfen. Aus verlockender Schokolade und Kaugummi wird jetzt Brot. Das ist die eine Seite. Die andere resultiert aus der völlig gegensätzlichen Ideologie zu der der Amerikaner, auch wenn vieles anfänglich gut gemeint ist. Gut gemeint ist jedoch nicht immer gut gemacht.

Haben die Amerikaner schon die für sie wichtige und interessante Dinge in ihren Besitz gebracht, so beginnt nach der Übernahme durch die russische Militäradministration ein regelrechter Raubbau an der noch vorhandenen Infrastruktur. Alles was nur irgendwie gebraucht werden kann in ihrer zerstörten Heimat wird abgebaut und demontiert. Ganze Betriebe, Maschinen, Eisenbahngleise und vieles mehr wird in das große Land im Osten gebracht. Doch nicht nur wirtschaftliche Güter werden dorthin verbracht. Jetzt nehmen selbst die neuen Besatzer alles Mögliche in ihren Besitz. Von den Nazis versteckte Kunstgegenstände werden als Kriegsbeute außer Landes gebracht. Aus privatem Besitz werden Flügel,

Möbel, Schmuck oder Kleidung wie Schuhe und Pelze aus der Sowjetischen Besatzungszone weggebracht. Dem gegenüber zeigt sich die ganze Widersprüchlichkeit dieser offiziellen und illegalen Aktionen, von der auch Carl Häßner mit seiner Schuhfabrik betroffen ist.

Nachdem die Wogen zwischen dem teilweisen chaotischen Abzug der Amerikaner und der Errichtung der Sowjetischen Militäradministration in Deutschland (SMAD) in den östlichen Ländern geglättet sind und es eine grobe Übersicht über die wirtschaftliche und humanitäre Lage in Thüringen gibt, beginnt das öffentliche Leben langsam Gestalt anzunehmen, auch wenn die sich immer mehr zeigenden politischen Rahmenbedingungen keine ungeteilten Freudenausbrüche hervorrufen. Damit muss jetzt jeder umzugehen lernen. Die Schuhfabrik Häßner produziert nach 1945 Leder-Ersatz-Schuhe und nebenbei einige Stiefel für russische Soldaten. Da passt es gar nicht, dass die bisherige Produktion an verschiedenen Standorten durchgeführt wird. Ein effektives und schnelleres produzieren von Stiefeln in der geforderten Anzahl ist so nur schwer zu realisieren. Das die Stadt Weida einer räumlichen Erweiterung eine Absage erteilt hat, macht das Unterfangen ebenfalls nicht leichter. Carl Häßner begründet einmal nachträglich in einem Schreiben vom 17. Februar 1949 die Absage der Betriebserweiterung durch die Stadt mit den gegebenen Grundstücksverhältnissen. Es muss also eine Lösung gefunden werden und diese findet sich mit Hilfe des Landratsamtes in Greiz, dem Bürgermeister von Hohenleuben und der SMAD mit Sitz in Greiz nur wenige Kilometer südlich von Weida.

Am 17.Oktober 1945 erhält die Schuhfabrik Häßner aus Weida die Erlaubnis zum Erwerb eines Grundstückes und gleichzeitigem Neubau einer Fabrik in Hohenleuben. Für das mit Industriebetrieben nur schwach bestückte 3000-Seelen-Nest ein Hauptgewinn, dessen künftige Ausstrahlung nur wenige Wochen und

Monate nach dem Krieg noch nicht absehbar ist. Wie die innere Gefühlslage von Carl Häßner dabei aussieht, nach fast 50 Jahren den Traditionsstandort des Familienunternehmens aufzugeben, ist nicht überliefert. Auf der einen Seite wird es ganz sicher schwerfallen, den angestammten Platz einfach aufzugeben, doch ohne diesen Schritt hat der Familienbetrieb keine große Überlebenschance. Das wäre dann wohl der größere Verlust. Deshalb ist die Entscheidung für einen Umzug die richtige.

Der angedachte Firmensitzwechsel nach Hohenleuben passt noch aus einem anderen Grund. Der Bahnanschluss in Weida dient schon seit Jahrzehnten der Auslieferung und dem Versand der fertigen Schuhe. Ohne ihn gestaltet sich ein solcher Abschnitt des Vertriebsweges in einem typischen Handelsprozesses schwierig. Darüber hinaus bietet die Bahnverbindung eine ideale Pendleralternative für die Arbeiter, die nach der Firmenverlegung auch in Hohenleuben weiterarbeiten wollen. Es ist deshalb von großem Vorteil einen Bahnhof in unmittelbarer Nähe des künftigen Fabrikgebäudes zu haben. Damit sticht Hohenleuben andere Varianten aus. Die Jahre 1945 und 1946 bilden deshalb eine wirkliche Zäsur in der bisherigen Geschichte der Schuhfabrik Häßner. Doch nicht nur das. Wir sind immer noch in unmittelbarer Zeit nach dem Zweiten Weltkrieg. Das Land liegt in Trümmern, und nur mühsam beginnt der Wiederaufbau. Wer jetzt einen großen Schritt plant, und dazu zählt auf jeden Fall der Neubau einer Fabrik, der braucht eine Menge Optimismus, ein gutes Stück Phantasie, aber vor allem kräftige Hände, um es anzupacken. Von all dem hat Carl Häßner genug, und so beginnt der lange Weg durch die Instanzen.

In einem schmalen Tal, begrenzt von zwei sanften Hügelketten, liegt das Objekt der Begierde für das Carl Häßner die Erlaubnis zum Grundstückserwerb erhalten hat und wo das Fabrikgebäude entstehen soll. Um der etwas misslichen räumlichen Lage in Weida zu entgehen, entschließt sich die Firmenleitung, einen Teil ihrer

Produktion bereits schon jetzt auszulagern. Ein Platz dafür findet sich in einem Teil des ehemaligen Hohenleubener Schlosses mitten in der Stadt.

Graf Heinrich XXIV. von Reuß-Köstritz erwirbt die Herrschaft über den Ort, verlegt den Amtssitz nach Hohenleuben und bezieht das repräsentative Schloss. Bis 1945 regieren hier die Fürsten von Reuß. Wenn das Schloss auch nicht das Schicksal vieler anderer Schlösser gleich nach dem Ende des Zweiten Weltkrieges ereilt abgerissen zu werden, so passiert es letztlich im Jahr 1986, nachdem es sich in eine Ruine verwandelt hat. Eine andere Nutzung hat die ehemalige DDR niemals in Betracht gezogen.

Doch zuerst errichtet die Schuhfabrik Häßner hier ein Produktionsprovisorium zur Fertigung von Gebrauchsschuhen aus Holz. Zwei Gebäude dienen der Herstellung. Da werden die typischen Holzpantinen mit der Holzsohle und dem Lederoberteil über dem Fußrist hergestellt. Oder Galoschen die als Überzieher über Straßenschuhe oder Arbeitsschuhe gezogen werden und damit Fußböden schützen. Während hier also schon gearbeitet wird, ist man am anderen Ende der Stadt noch am Anfang.

Das kleine Tal zwischen den Berghügeln beginnt zu leben. Mit der Ruhe ist es nun zwar vorbei, doch die Erhebung des Schlossberges knappe 40 Meter über dem Triebestal gegenüber dem künftigen Betriebsareal versteckt noch ein kleines stilles Geheimnis. Es ist nicht einfach nur eine Erhebung. Sie wird gekrönt von der Burgruine Reichenfels. Vermutlich stammt sie aus dem 12. Jahrhundert und ist von den Weidaer Vögten erbaut worden. Zweihundert Jahre später beginnt ein reger Besitzwechsel. Zuerst ergreifen die Vögte von Gera Besitz von der Burg. Dann folgen die Burggrafen von Meißen mit den eingesetzten Familien des vogtländischen Uradels. Letzte Eigentümer vor dem Verfall sind schließlich die

Grafen Reuß zu Köstritz in Person von Graf Heinrich XXIV.. Nach ihm liegt die Burg fast ein Jahrhundert brach und verfällt.

Freilegen der alten Burgruinenhofs

Erst mit Beginn des 19. Jahrhunderts zieht wieder Leben ein, als Fürst Heinrich XLIII. Reuß zu Köstritz aus der Ruine ein neoromanisches Schloss zu errichten versucht. Der Plan geht nicht ganz auf, denn nur ein paar Jahre später werden die Arbeiten eingestellt und die Burg wird bis auf die Grundmauern abgetragen. Einzug gehalten hat später der 1825 in Hohenleuben gegründete Vogtländische Altertumsforschende Verein Hohenleuben. Er soll zu den drei ältesten deutschen Geschichtsvereinen gehören, die sich mit regionaler Landeskunde und Geschichte befassen. Sein Bestand an Büchern und anderen geschichtlichen Dokumenten umfasst mehrere tausende Werke, die hier ihre feste Bleibe gefunden haben. Einige Jahre nach dem Zweiten Weltkrieg wird die unter Denkmalschutz gestellte Anlage mit Instandhaltungsmaßnahmen soweit wie möglich gesichert und in einem der vorhandenen Nebengebäuden zieht das vom gegründete Museum Hohenleuben-

Reichenfels ein. Zwischen der Burgruine Reichenfels oben auf dem Berg und der Hohenleubener Schuhfabrik unten im Tal entsteht einige Jahre später eine ganz besondere Beziehung.

Noch wird vordergründig die Produktion im Bereich des Schlosses vorangetrieben. Denn hier wird schließlich zuerst produziert. Doch die vorhandenen Bedingungen können im Verlaufe der fortschreitenden Zeit nicht mehr mit den Erfordernissen mithalten. So kommt es, dass zwischendurch einige andere behördliche Termine in den Mittelpunkt rücken, die erledigt werden müssen, denn an den Produktionsstandort werden Anforderungen gestellt, die es zwar in sich haben doch lösbar sind. Man mag es nicht so richtig glauben, doch selbst so kurz nach dem Krieg nimmt die Anzahl behördlicher Einrichtungen schon in einem recht ordentlichem Maße zu. Und alle sind sie unwahrscheinlich wichtig. Wie auch die der Gewerbeaufsicht.

Sie versendet mit Datum vom 20. Juli 1945 einen Fragebogen. Mit ihm sollen einige relevante Fragen zu den angestrebten baulichen Veränderungen überprüft werden. Aus heutiger Sicht mutet eines fast utopisch an. Man stelle sich nur folgendes vor:

Ein Bauherr reicht heute Bauunterlagen ein. Glaubt jemand, dass dafür 13 einfache A4-Seiten ausreichen wären? Ich glaube nicht. Doch genauso viele Seiten mit entsprechenden Fragen müssen Carl Häßner und sein Architekt jetzt einreichen. Es scheint eine überschaubare Arbeit zu sein, an deren Anträgen hauptsächlich der Architekt Paul Böning aus Zeulenroda fleißig arbeitet. Die fertiggestellten Unterlagen samt einem Erläuterungsbericht zum Bauvorhaben und sämtlichen Bau- und Lageplänen für die geplanten Arbeiten gehen schließlich am 30. Juli 1945 beim Landratsamt in Greiz mit der Unterschrift des Architekten ein. Sie beinhalten auch mehrere Seiten handgeschriebener Berechnungen. Neben den geforderten Zeichnungen und Antworten taucht zum ersten

Mal eine Zahl auf, welche den finanziellen Aufwand beschreibt. Wofür die 480.00 Reichsmark als Bausumme jedoch vorgesehen sind, lässt sich nicht eruieren. Wie so oft überrollen immer wieder neue unvorhergesehene Ereignisse das tägliche Geschehen.

Die Produktion von Holzschuhen durch die 25 Beschäftigten auf dem Schlossgelände kommt wegen der vorhandenen Räumlichkeiten und wohl auch der stockenden behördlichen Bearbeitung nicht so richtig voran. Die Zwischenlösung erweist sich als unzureichend. Darum bittet Bürgermeister Venus von Hohenleuben den Greizer Landrat mit einem kleinen Schreiben um Hilfe bei der Organisation einer Genehmigung, die bisherigen Produktionskapazitäten auf ein Grundstück in der Nähe der Bahnstation auslagern zu dürfen. Dies scheint die einzige Alternative zu sein, um die angestrebte Produktionsleistung erreichen zu können. Der Landrat stellt eine Bewilligung dafür in Aussicht, sofern es durch die SMAD keinerlei Einwände gibt. Es wird Anfang August 1945 in Aussicht gestellt, schon vor der erhofften Zustimmung durch die SMAD über das Projekt zu sprechen, weil dies für den Baubeginn durchaus hilfreich sein kann. Das unter russische Kontrolle gestellte Thüringen, wie der ganze Osten Deutschlands, scheint zwar eine gewisse Selbstständigkeit zu besitzen, doch ohne die Zustimmung der Besatzermacht in fast allen Fragen des gesellschaftlichen Lebens geht gar nichts. Widerspruch gegen die geplante Absicht der Verlegung des Produktionsstandortes scheint es jedoch nicht zu geben, denn am 8. November wird die deutsche Übersetzung eines russischen Schriftstückes angefertigt, welches die Zustimmung der SMAD für einen geplanten Neubau bestätigt. Mit Datum vom 9. November 1945 wird es an den Bürgermeister auf den Weg gebracht. Damit ist die erste große Hürde für die Ausweitung der Produktion genommen, wenn auch jetzt erst die Arbeit am Neubau so richtig beginnt. Die Schuhfabrik muss nun zweigleisig in die Planung gehen. Es sind die Arbeitsprozesse auf dem Gelände des Schlosses fortzuführen und darüber hinaus weiß man sich jetzt auch in der Pflicht, den avisierten kompletten Neubau außerhalb der Stadtgrenzen mit Leben zu erfüllen. So laufen in dieser Phase mehrere Arbeiten gleichzeitig.

Parallel zur Arbeit im Schloss beginnt im Südwesten der Stadt unterhalb der Burgruine Reichenfels zuerst einmal der lange behördliche Weg der tausend kleinen Schritte, um aus dem Nichts eine neue Fabrik aufzubauen, denn es sollen nach ersten Planungen fast 200 Beschäftigte hier künftig arbeiten. Dafür entsteht in Größenordnungen bisher unbekannten Maßes Bedarf an Werkzeug und Material. Dinge, die nach dem langen Krieg kaum vorhanden sind, denn es fehlen nicht nur Hüllen und Ausstattungen für neue Industriebauten, sondern auch Wohnungen für die Menschen. Eine Abschätzung dessen, was Vorrang besitzt, dürfte für die Entscheidungsträger nicht leicht sein. Im Falle der Schuhfabrik Carl Häßner entscheidet man sich für den Neubau eines Industriebaus, der Menschen in Lohn und Brot bringt. Von Seiten des Architekten Paul Böning werden die erforderlichen Bauunterlagen angefertigt.

Er erstellt die Baupläne für das Produktionsgebäude und den Verwaltungsbau, aus denen sich der Grundbedarf für das Baumaterial ableiten lässt. Ein paar Tage später bekommt der Architekt Post. Darin wird ihm der Eingang des Bauantrages bestätigt. Von nun an entsteht ein reger Briefverkehr zwischen den verschiedenen Ämtern, Behörden und der Schuhfabrik, respektive dem Architekten. Erneut tritt das Gewerbeaufsichtsamt ins Rampenlicht. Am 19. November 1945 stellt es in einem Schriftstück ihre 16 Anforderungspunkte an den geplanten Neubau der Schuhfabrik. Manches hört sich vielleicht etwas komisch an, doch es steht natürlich der Schutz und die Sicherheit der künftigen Mitarbeiter im Zentrum der Forderungen.

Die Höhe der Arbeitsräume von 3 Metern ist sicherlich unter Berücksichtigung des geplanten Maschinenparks vorgegeben. Das an den Treppen an mindestens einer Seite ein Handlauf gefordert ist, gehört eigentlich zu den Selbstverständlichkeiten. Das jedem Mitarbeiter ein eigener verschließbarer Kleiderschrank hinzustellen ist, gehört in dieser Zeit schon eher zu den Besonderheiten. Selbst für den sanitären Bereich gibt es Auflagen. So ist für jeweils 10 Arbeiter eine Sitztoilette zu planen. Natürlich getrennt nach Frauen und Männer und gut ausgeschildert. Doch nicht nur den großen Dingen wird Aufmerksamkeit geschenkt. Auch um ganz kleine Sachen kümmert sich das Gewerbeaufsichtsamt, wie an der Forderung nach Beschaffung einer ausreichenden Anzahl an Verbandskästen zu erkennen ist.

Die Genehmigungen aus den verschiedenen Behörden trudeln ganz unterschiedlich ein und betreffen manchmal nur einzelne Bereiche der Bauanträge. So erteilt die Bauverwaltung Greiz zwar Anfang Dezember eine Baugenehmigung, doch ist diese nur vorläufig und bezieht sich erst einmal auf die notwendigen vorbereitenden Erdarbeiten. Dafür ist noch kein großer Materialbedarf erforderlich, denn hier sieht die Situation wie schon angedeutet, nach dem Krieg sehr schlecht aus. Die Organisation und Beschaffung gestaltet sich sehr schwierig, wie folgender Schriftverkehr beispielhaft aufzeigt.

Hohenleuben

Nachdem einem Neubau dank der Zustimmung der SMAD nichts mehr im Wege steht, beginnen sich die Mühlen der Bürokratie zu drehen. Trotz der Genehmigung kann Carl Häßner nicht einfach loslaufen und sich das gewünschte Material im Großhandel einkaufen. Weder das eine noch das andere liegt und steht irgendwo frei herum. Alles was noch nach dem Krieg vorhanden ist, wird unter Verwahrung gehalten und nur auf Zuteilung herausgerückt. Am 11. Dezember 1945 wird deshalb die Bauverwaltung im Greizer Landratsamt aktiv. Sie bestellt beim Thüringer Landesamt für Kommunalwesen im entfernten Weimar die ersten erforderlichen Mengen an Baumaterial. Grundlage dafür bilden die von Architekt Paul Böning in seinen eingereichten Bauunterlagen detailliert aufgelisteten benötigten Baustoffe. Die Bestellung enthält unter anderem neben 54 Kubikmeter Nadelschnittholz auch fast 32 Tonnen Zement, einhundertzwölfeinhalbtausend Mauerziegel und einige Eisenteile. Natürlich muss immer auf die Prämisse hingewiesen werden, dass die SMAD in Thüringen zustimmt und alles seine Richtigkeit hat. Entweder weiß das Landratsamt in Greiz nicht, wer eigentlich für eine solche Bestellung zuständig ist, oder weiß, dass sie den Brief dorthin schicken muss, aber die eigentliche Zuständigkeit an anderer Stelle liegt, denn das Amt für Kommunalwesen in Weimar leitet den Brief aus Greiz aus diesem Grund an das Landesamt für Wirtschaft in Weimar weiter. Zuständigkeit scheint ein dehnbarer Begriff zu sein.

Oder wie ist es zu verstehen, dass der Antrag erneut, natürlich der Zuständigkeit halber, wieder weitergeleitet wird? Jetzt ist der Adressat das Landesamt für Land- und Forstwirtschaft. Zeitlich gesehen ist der Antrag auf Baumaterial damit schon am 16.1.1946 unterwegs, also jetzt über einen Monat auf Reisen. Um die ganze Absurdität noch komplizierter zu machen und auf die Spitze zu treiben, teilt das Landesamt für Wirtschaft dem Greizer Landrat mit, dass für die Lieferung der Eisenteile die Baupolizei zuständig ist. Die hat sie natürlich nicht selbst vorrätig, sondern bekommt die Kontingente vom Landesamt für Kommunalwesen, wobei sich bei Eisen der Kreis zu diesem Amt wieder schließt. Am 21. Januar 1946 muss sich die Bauverwaltung des Greizer Landratsamtes deshalb erneut mit einem Antrag auf Zuteilung eines Bezugsscheines für Eisenteile an das Landesamt für Kommunalwesen wenden, da Greiz nicht genügend eigenes Eisen hat. Auch für

Zement und Mauerziegel benötigen sie eine neue Dringlichkeitsbescheinigung, da die Fristen für die Bereitstellung abgelaufen sind.

Neben diesen ganzen behördlichen Prozessen laufen natürlich weitere Sachen ab. In den Monaten Juni und Juli 1945 wechseln die beantworteten Fragebögen zum Bauantrag und Erläuterungsbericht für das Bauamt sowie für das Gewerbeaufsichtsamt zwischen den verschiedenen Behörden hin und her. Auch der Bürgermeister muss dazu einige Fragen beantworten. Sie sind so etwas wie die Grundlagen für die spätere Entscheidung des Landrates, dem Antrag zuzustimmen oder ihn abzulehnen. Etliche Monate werden vergehen, bis der Landrat am 5. Juni 1946 nach Durcharbeitung aller eingereichten Unterlagen die Genehmigung für den Bauplan erteilt. In den Unterlagen der Bauakten der Stadt Hohenleuben von 1946 findet sich ein sogenannter Behändigungsschein. Das ist eine öffentliche Urkunde, die den Beweis erbringt, dass dem Empfänger ein amtliches Schriftstück zugestellt wurde. Der Schein ist datiert vom 8. Juni 1946 und unterschrieben vom Bürgermeister Armin Venus. Darin bestätigt die Stadt Hohenleuben die Aushändigung des Bauerlaubnisscheines vom 5. Juni 1946 an die Firma Carl Häßner in Weida. Dauern Zusagen dieser Art recht lange, so werden Rechnungen dagegen schnell und überpünktlich an die Schuhfabrik versendet. So wird zum Beispiel, obwohl bis dahin noch keinerlei Zuteilung auch nur eines winzigen Teiles des beantragten Baumaterials erfolgt ist, die Begleichung der Kostenaufstellung für die Begutachtung der eingereichten Unterlagen durch das Gewerbeaufsichtsamt Gera eingefordert. Ob jemand dazu Parallelen zur heutigen Zeit sieht, mag jeder selbst entscheiden.

Auf jeden Fall beginnen etwa mit dem Jahreswechsel 1945/46 die großen schriftlichen Aktivitäten zur Materialbereitstellung. So bestätigt das Landesamt des Inneren mit Schreiben vom 31. Januar

1946 an den Greizer Landrat die Zuteilung einer ersten Tranche an Eisen und Blech. Am gleichen Tag bewilligt auch das Landesamt für Kommunalwesen Baumaterialien, in diesem Fall für Nadelschnittholz. Mit Schreiben vom 2. Februar 1946 an den Greizer Landrat bittet Carl Häßner darum, die statische Berechnung tragender Teile im Haupt- und Nebengebäude an den Jenaer Diplom-Ingenieur Zeidler zu übertragen und gleichzeitig den gesamten Baustoffbedarf für den Neubau zu genehmigen. Der Bedarf an Bauantragsformularen für die vielen Materialanforderungen scheint zu steigen, denn Carl Häßner fordert am 13. Februar 1946 beim Landrat in Greiz neue Scheine an. Die bekommt er jedoch nicht von dort, sondern er erhält sie in der Greizer Papierhandlung

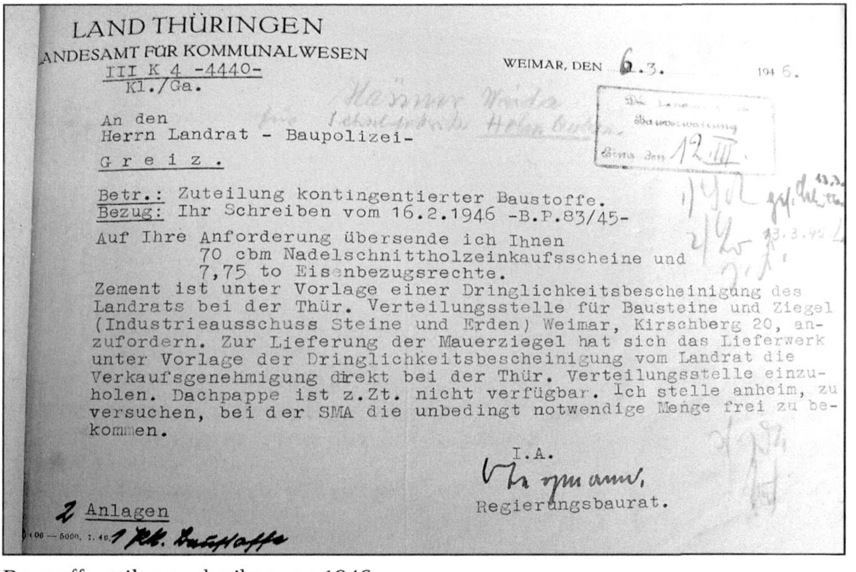

LAND THÜRINGEN
LANDESAMT FÜR KOMMUNALWESEN
III K 4 -4440-
Kl./Ga.

WEIMAR, DEN 6.3. 1946.

An den
Herrn Landrat - Baupolizei-
G r e i z .

Betr.: Zuteilung kontingentierter Baustoffe.
Bezug: Ihr Schreiben vom 16.2.1946 -B.P.83/45-

Auf Ihre Anforderung übersende ich Ihnen
70 cbm Nadelschnittholzeinkaufsscheine und
7,75 to Eisenbezugsrechte.
Zement ist unter Vorlage einer Dringlichkeitsbescheinigung des Landrats bei der Thür. Verteilungsstelle für Bausteine und Ziegel (Industrieausschuss Steine und Erden) Weimar, Kirschberg 20, anzufordern. Zur Lieferung der Mauerziegel hat sich das Lieferwerk unter Vorlage der Dringlichkeitsbescheinigung vom Landrat die Verkaufsgenehmigung direkt bei der Thür. Verteilungsstelle einzuholen. Dachpappe ist z.Zt. nicht verfügbar. Ich stelle anheim, zu versuchen, bei der SMA die unbedingt notwendige Menge frei zu bekommen.

I.A.
Regierungsbaurat.

2 Anlagen

Baustoffzuteilungsschreiben von 1946

Tischendorf. Scheine für Backsteine und Zement sind neben Holz und Eisen weiterhin sehr begehrte Anträge. Es sind nervenaufreibende Tage und Wochen, die für die Materialbereitstellung vergehen. Es ist kein Wunder, wenn an vielen Bezugsscheinen wie dem vom Landesamt für Kommunalwesen vom 6. März 1946 solche Bemerkungen wie die folgenden an einem Schreiben angehängt sind:

„Zement ist unter Vorlage einer Dringlichkeitsbescheinigung des Landrates bei der Thüringer Verteilungsstelle für Bausteine und Ziegel (…) Weimar (…) anzufordern. Zur Lieferung der Mauerziegel hat sich das Lieferwerk unter Vorlage der Dringlichkeitsbescheinigung vom Landrat die Verkaufsgenehmigung direkt bei der Thüringer Verteilungsstelle einzuholen. Dachpappe ist z. Zt. nicht verfügbar. Ich stelle anheim, zu versuchen, bei der SMA die unbedingt notwendige frei zu bekommen. gez. Regierungsbaurat"

Sind das alles nur Puzzleteile der Vorgeschichte, so tut sich jetzt Entscheidendes. In einer Rechnung vom 2. Mai 1946 über durchgeführte statische Berechnungen taucht erneut eine Bausumme auf. 150.000 Reichsmarkt werden als Gesamtbaukosten ausgewiesen. 120.000 Reichsmark stehen für die Rohbaukosten und werden für die Honorarberechnung herangezogen. Hinter dem Aktenzeichen 83/45 des Landrates, Abteilung II Bauverwaltung, verbirgt sich eines der wichtigsten Dokumente dieser Zeit und in der Geschichte der Schuhfabrik Carl Häßner Hohenleuben selbst.

Es ist der am 31. Juli 1945 eingereichte Bauerlaubnisschein! Nach langen oder kurzen 11 Monaten, je nach Betrachtungsweise, erteilt der Landrat mit Datum vom 5. Juni 1946 Carl Häßner die baupolizeiliche Genehmigung zum Neubau der Hohenleubener Schuhfabrik unterhalb der Burgruine Reichenfels. Auf genau vier Seiten und in 40 Punkten wird exakt festgehalten, welche Festlegungen zu beachten und einzuhalten sind. Auch taucht in dem Bescheid erneut eine Bausumme auf. Diesmal soll sie 160.000 Reichsmark betragen. Also eine weitere Steigerung im Vergleich zur Rechnungsgrundlage des Statikers im Mai des Jahres. Wichtiger als dieser Fakt dürfte jedoch die endlich vorliegende Baubewilligung für den Neubau sein. Unabhängig hiervon erfolgen bereits die bewilligten Erdbauarbeiten zur Erstellung der Fundamente. Im Juli 1946 ist das Fundament für das Hauptgebäude errichtet und die Grundsteinlegung erfolgt.

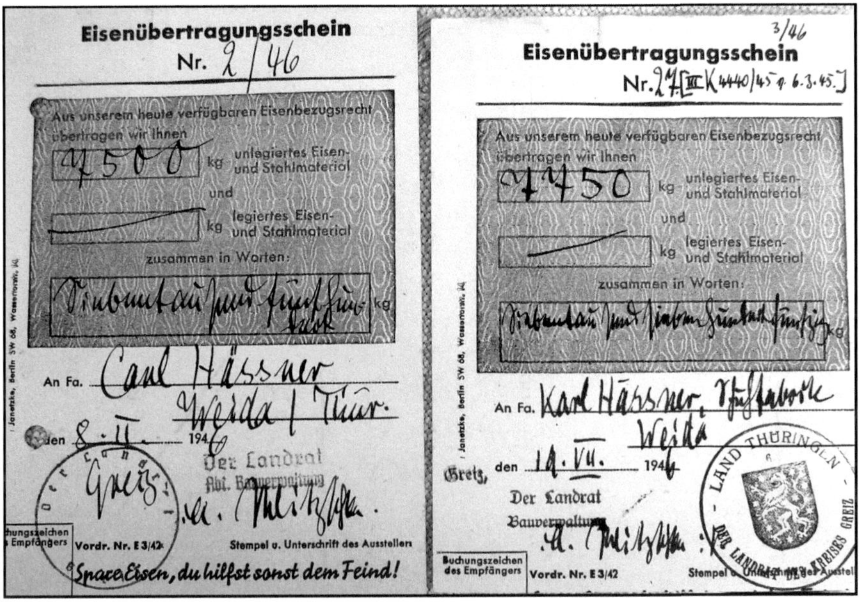
Eisenübertragungsschein
Nr. 2/46
Aus unserem heute verfügbaren Eisenbezugsrecht übertragen wir Ihnen
4500 kg unlegiertes Eisen- und Stahlmaterial
und
kg legiertes Eisen- und Stahlmaterial
zusammen in Worten:
kg
An Fa. Carl Hässner
Weida / Thür.
den 8. II. 1946
Der Landrat
Abt. Bauverwaltung
Buchungszeichen des Empfängers
Vordr. Nr. E 3/42
Stempel u. Unterschrift des Ausstellers
Spare Eisen, du hilfst sonst dem Feind!

3/46
Eisenübertragungsschein
Nr.
Aus unserem heute verfügbaren Eisenbezugsrecht übertragen wir Ihnen
4450 kg unlegiertes Eisen- und Stahlmaterial
und
kg legiertes Eisen- und Stahlmaterial
zusammen in Worten:
kg
An Fa. Karl Hässner
Weida
Greiz, den 19. VII. 1946
Der Landrat
Bauverwaltung
Land Thüringen
Der Landrat des Kreises Greiz
Buchungszeichen des Empfängers
Vordr. Nr. E 3/42
Stempel u. Unterschrift des Ausstellers

Eisenübertragungsscheine von 1946

Das eine Baubewilligung nicht unbedingt eine nahtlose Belieferung von Baumaterial zur Folge hat, zeigen spätere Briefwechsel, in denen es um falsche Eisenübertragungsscheine oder weitere Sonderkontingente von Mauerziegeln geht. Auch das Ende Juni der Bauvorgang stockt, weil ein neues Zuteilungsverfahren die Baustoffbeschaffung erst einmal zum Erliegen bringt, gehört in diese Kategorie. Dem Landesamt für Kommunalwesen in Weimar scheinen manchmal Zweifel zu kommen, ob die geforderten Sonderkontingente überhaupt notwendig sind. Weswegen sonst fordert es vor einer weiteren Bewilligung vom Landrat die Aufstellung einer Massenanforderung, diese baupolizeilich prüfen zu lassen, eine Genehmigung darüber erstellen zu lassen und gleichzeitig einen Befreiungsbescheid gemäß der neuen Baulenkungsanordnung einzureichen. Das alles sind tägliche Problemfälle, mit denen Carl Häßner und seine Komplementäre neben den täglichen Bauarbeiten zu kämpfen haben.

So vergeht das Jahr 1946 und noch immer gibt es Baumaterialbedarf an Dachpappe, Zement und Fensterglas. Es bleibt trotz all dieser Probleme festzuhalten, dass sich das Landratsamt in Eigenschaft des Bauamtes immer für den Neubau der Schuhfabrik stark macht, und zeitnah die benötigten Dringlichkeitsbescheinigungen oder Bewilligungen ausstellt. Viele der benötigten Materialien haben einen recht kurzen Transportweg hinter sich, denn sie kommen aus dem nicht zu weitem Umland. Die tausende von Mauerziegel werden in der nur 18 Kilometer entfernten Meinhardt`schen Ziegelei in Unterreichenau bei Pausa hergestellt. Die während des Krieges stillgelegte Fabrik wurde, um den ersten Bedarf an Ziegeln für den Wiederaufbau von Wohnungen und Industriebauten nach dem Krieg zu decken, wieder in Betrieb genommen. Lange lieferte sie nicht, denn 1958 wurde sie endgültig geschlossen. Andere Steine werden aus dem sächsischen Oelsnitz bezogen und die Schieferplatten für das Dach werden in den Schieferbrüchen der beiden thüringischen Orte Lehesten und Unterloquitz gebrochen.

Die Monate vergehen. Das Jahr 1946 geht zu Ende. Das Jahr 1947 beginnt. Es wird jeden Tag um irgendwelches Material gerungen. Es wird das Vorhandene verbaut und trotz mancher Schwierigkeit geht es vorwärts und am Ende des Jahres 1947 ist es endlich soweit. In Anwesenheit von Carl Häßner wird am 25. Dezember 1947 das Richtfest gefeiert. Das künftige Produktionsgebäude ist bereit, die Produktion zu übernehmen, doch dazu müssen zuerst die Maschinen und Anlagen, sofern keine neuen vorgesehen sind, vom bisherigen Stammsitz in Weida und aus dem Behelfsobjekt im Schloss Hohenleuben hierher gebracht, installiert und in Betrieb genommen werden. Carl Häßner ließ schon bei der Planung des neuen Betriebes Weitsicht walten, wie die Bauunterlagen zeigen. Neben dem Produktionsgebäude ist schon ein Mehrzweckgebäude mit Büroräumen, Umkleideräumen und einem Speiseraum vorgesehen. Selbst an das direkte Umfeld seiner Beschäftigten hat er schon gedacht, denn es sollten noch mehrere Zwei- und Vierfamilienhäuser entstehen, doch wurden diese Projekte nie umgesetzt.

Als am 3. Februar des Jahres 1897 die Genehmigung zur Zulassung eines Schuhbetriebes in Weida durch Carl Häßner Senior beantragt wird, hat sicher noch niemand so richtig daran geglaubt, dass zwei Weltkriege ihre Geschichte kreuzen und sie am 29. Januar des Jahres 1947 ihr 50-jähriges Bestehen des Weidaer Stammbetriebes feiern, wenn auch in schwierigen Zeiten und unter völlig anderen Vorzeichen als bei der Gründung. Das Gesellschaftssystem hat sich verändert. Der Neubau braucht Geduld und Durchhaltevermögen. Die Lage in der Versorgung ist nicht die beste. Und so gibt es genug Probleme, die zu lösen sind. All diese Umstände sind im Augenblick des Jubiläums weitestgehend ausgeblendet.

Eine überlieferte Geschichte berichtet davon, dass die Arbeiter und Angestellten zum Essen eine Nudelsuppe mit Fleisch bekommen haben. Was sie nicht wissen; das Fleisch stammt von einem Pferd! Manch einem würde es schlecht werden bei dem Gedanken daran, Pferdefleisch zu verspeisen. Doch es ist noch einmal an die Zeit erinnert. Der Krieg ist erst seit zwei Jahren vorbei und ausreichend Lebensmittel sind noch ein Traum. Bis dahin ist zwar Improvisation angesagt, doch die Gäste der Feier sind zufrieden, gibt es doch etwas zu feiern, ein warmes Essen und mit dem laufenden Neubau gibt es die Hoffnung für sie auf eine bessere Zukunft.

Seit dem vergangenen Jahr laufen die Arbeiten am Fabrikneubau und zwei Jahre später, im Jahr 1948 wird er fertiggestellt. In Weida werden nach der Verlegung der Hauptproduktionszweige nach Hohenleuben bis 1958 nur die Schäftestepperei verbleiben. Die ganze Entwicklung der betrieblichen und personellen Erweiterung und der damit verbundenen Aufteilung auf mehrere Örtlichkeiten und Verantwortungsbereiche bedarf einer Anpassung in der Führungsstruktur zum 1. Januar 1950. So wie Carl Häßner Senior bei der Firmengründung 1897 allein schon wegen der überschaubaren Größe die Firma zusammenhalten konnte, wird es mit den neuen Anforderungen für seinen Sohn schwer, die immer umfangreicher werdenden Aufgaben allein zu bewältigen. Und so wie Carl Häßner Junior schon bei seinem Vater in der Firma mitgearbeitet hat und Verantwortung übernommen hat, so wird auch sein Sohn Karl in die betriebliche Leitung von nun an mit einbezogen. Fritz Pöhler und Günter Seidel gehören nun ebenfalls als gleichberechtigte und allein zeichnungsberechtigte Gesellschafter bzw. Geschäftsführer zur Leitung der OHG. Karl Häßner wird für den Verkauf, die Technik, die Erzeugnisentwicklung und Fragen der Qualität zuständig sein. Den Bereich Materialwirtschaft und Buchhaltung übernimmt sein Schwager Fritz Pöhler. Für die Produktionsabläufe und die operativen Einsätze zeigt sich Günter Seidel, der Mann seiner Zwillingsschwester, verantwortlich. Carl Häßner Junior, der die Firma bereits in den vergangenen Jahren durch alle Höhen und Tiefen geführt hat, bleibt das Aushängeschild und der hauptverantwortliche Leiter der Hohenleubener Schuhfabrik. Entsprechend besitzt er bei betrieblichen Entscheidungen auch ein doppeltes Stimmrecht. Fritz Pöhler und Günter Seidel sind nicht ganz zufällig mit leitender Verantwortung ausgestattet. Der Kaufmann Fritz Pöhler ist nämlich verheiratet mit Ilse Häßner, einer Tochter Carls. Und auch Günter Seidel, von Beruf eigentlich Konditor, hat die Tochter Anneliese von Carl geheiratet. Damit befindet sich mehr oder weniger die gesamte Leitungsebene in den Händen der Familie Häßner. Zu dieser Zeit der gesellschaftlichen Entwicklung in der DDR ist das noch kein Problem, sollte sich allerdings in den nächsten Jahren zu einem herauskristallisieren. Anders jedoch als gedacht.

Die Schuhfabrik Hohenleuben nach ihrer Fertigstellung

Mit der Fertigstellung der neuen Produktionsräume 1948 in Hohenleuben beginnt verteilt über zwei Jahre die Verlagerung der Produktion von Weida nach Hohenleuben-Reichenfels. Mit der ersten vollständigen Aufnahme der Produktion in Hohenleuben nach dem vollständigen Umzug produzieren zu Beginn rund einhundert Arbeiter in einer 48 Stunden-Woche täglich 400 Paar Schuhe. Nach dem vollständigen Umzug steigert sich diese Zahl zunächst auf 600 bis 800 Paar Schuhe. Die unter der Leitung von Carl Häßner stehende Firma fungiert als eine Offene Handelsgesellschaft (OHG). Diese Form bietet der Gesellschaft Vorteile, allerdings auch große Nachteile den Gesellschaftern. Anders als eine Kapitalgesellschaft in Form einer Gesellschaft mit beschränkter Haftung (GmbH) oder Aktiengesellschaft (AG) besitzt die Offene Handelsgesellschaft (OHG) kein Stammkapital, auf welches die Gläubiger im Fall der Fälle zugreifen können. Hier ist es das gesamte Privatvermögen der jeweiligen Gesellschafter, mit welchem sie für eventuelle Schulden der Gesellschaft einstehen müssen. Diese direkte Schuldverantwortlichkeit und der Ruf der Gesellschafter der ihnen in der jeweiligen Branche voraus eilte, macht sie für eine Bank oder andere Gläubiger zu einer guten und lukrativen Adresse, wenn es um die Akquirierung von Kapital geht, denn mögliche Verluste sind so abgesichert. In dieser Richtung müssen sich die Gesellschafter keine Gedanken machen, denn ihren haben sich die Inhaber der Schuhfabrik Häßner mit ihrer Zuverlässigkeit in den letzten Jahrzehnten erworben.

Eine familiäre Tragödie begleitet diese aufregende Zeit. Nur zwei Tage nach der Erweiterung in der Führungsetage stirbt am 3. Januar 1950 Marie, die Ehefrau von Carl Häßner, kurz vor ihrem 56. Geburtstag an Krebs. Trotzdem geht das Leben in der Schuhfabrik weiter. Das Hauptaugenmerk in dieser Zeit liegt auf der Produktion von Straßenschuhen für Kinder und Erwachsene. Bis in die Mitte der 1950er Jahre dauert diese Phase. 1950 werden jährlich 80.000 Paar Stoff- und Kunstlederschuhe hergestellt. Diese Anzahl deckt jedoch noch lange nicht den überregionalen Bedarf. Ein Grund dafür ist, dass die Schuhindustrie einfach nicht zu den vorrangig geförderten Industriezweigen im Osten des Landes gehört. Materialien wie das notwendige Leder sind knapp und werden den Betrieben nur in Kontingenten zugeteilt. Wenigstens können die produzierten Schuhe ohne weitere Einschränkungen ausgeliefert werden, denn die bei der Suche nach einem geeignetem Grundstück berücksichtigte Nähe des Bahnhofes erweist sich jetzt als weise Voraussicht und wird zum Glücksfall. Durch die unmittelbare Nähe zum Bahnhof gestaltet sich sowohl der Abtransport der gefertigten Schuhe als auch der Pendelverkehr der Arbeiter als Volltreffer.

Strategisch beginnt sich die Schuhfabrik Häßner Stück für Stück auf ein neues Geschäftsfeld auszurichten. Sportschuhe, genauer gesagt Fußballschule, rücken in der Zeit ab 1950 in den Focus der Firmenleitung. Es gibt keine offiziellen Information darüber, weshalb es ausgerechnet diese Schuhe sind, mit denen sich die Firma jetzt befasst, doch womöglich hilft ein Blick auf die Freizeitbeschäftigung von den Gesellschaftern Carl Häßner, Karl Häßner, Fritz Pöhler und Günter Seidel. Ihre Hobbys leben sie nämlich, wie man vermuten kann, mit Fußball aus. In Hohenleuben engagiert sich Carl Häßner sogar aktiv in einer Fußballmannschaft. Die

Carl Häßner (1.v.L.) in der BSG Weberei Hohenleuben

„Alten Herren“ der Betriebssportgemeinschaft Weberei sind für drei Jahre seine sportliche Heimat. Auch Günter Seidel spielt Fußball und wirkt als Sektionsleiter in der TSG Hohenleuben bis zu seinem Tod 1988. Als Autor dieser Zeilen kann ich mich an die Fußballschuhe meines Vaters erinnern, die ungefähr aus der gleichen Zeit stammten, in der auch Carl Häßner Fußball spielte. Sie sind schwarz. Als ich sie als Kind spaßeshalber trage, habe ich das Gefühl, sie hängen schwer wie Bleiplatten an meinen Füßen. Dazu tragen auch die langen Stollen unter den steifen Ledersohlen maßgeblich bei. Die Schuhspitzen machen einer Planierraupe alle Ehre. Gefühlte drei Zentimeter hoch sind sie nicht gerade dazu geeignet, mit dem Ball filigrane Kunstschüsse zu kreieren. Von ihnen möchte man keinen harten Tritt vor das Schienbein bekommen. Ich höre schon gedanklich das Krachen der Knochen und die Schreie des getroffenen Spielers. Wenn Carl Häßner oder Günter Seidel mit solchen Schuhen über den Sportplatz rennen, dann werden sie sich vielleicht Gedanken darüber machen, wie sie verändert werden können, um bequemer und leichter zu werden.

Günter Seidel (vorn rechts) in der TSG Hohenleuben

Ein wichtiger Zeitpunkt dahin ist auf jeden Fall das Jahr 1954, als sie die ersten Fußballschuhe mit Noppen unter den Sohlen entwickelten. Die Schuhspitze ist bereits flacher gestaltet und der Fersenbereich ist höher gezogen, um die Achillessehne etwas zu schützen. Und das neue Markenzeichen der Zeha-Spezialsportschuhe, vier Streifen auf den beiden Schaftseiten, parallel angeordnet, sind zu sehen, was später zu einem größeren Streit führen wird. Ein genau solches Paar aus dem Jahr 1955 findet sich über 60 Jahre später neben alten Katalogen, Schuhleisten und Spike-Schuhen beim Stöbern auf dem Dachboden der schon lange vom Verfall bedrohten ehemaligen Schuhfabrik. Das alles kann also durchaus ein Ausgangspunkt dafür sein, sich der Entwicklung und Produktion besserer Fußballschuhe zu widmen und somit die Grundlage für die künftige erfolgreiche Produktionspalette zu legen.

Privatwirtschaft und Volkswirtschaft

Diese ersten erfolgreichen betrieblichen Jahre des Unternehmens nach dem Zweiten Weltkrieg laufen allerdings unter keinem guten Stern in anderer Hinsicht. Sie werden vor allem geprägt durch politische Entwicklungen und Entscheidungen, welche die Gesellschaftl auf eine harte Probe stellt. Im Mai des Jahres 1949 tritt in den Westsektoren Deutschlands ein neu ausgearbeitetes Grundgesetz in Kraft. Auf dieser Grundlage erfolgt eine Bundestagswahl, bei der Konrad Adenauer zum Bundeskanzler gewählt wird und mit dessen Amtsantritt am 7. September 1949 die Bundesrepublik Deutschland gegründet wird. Die globalen Interessen des Westens unter der Federführung der Amerikaner und der des Ostens unter dem Einfluss der Sowjetunion entwickeln sich in völlig entgegengesetzte Richtungen. Als Gegenstück zur Bundesrepublik gründet sich nicht ganz unerwartet und folgerichtig, schon kurz danach am 7. Oktober 1949 ein weiterer neuer deutscher Staat, die DDR. Der Weg zu einem ganzheitlichen Deutschland wird damit erst einmal im noch jungen hoffnungsvollen Keim erstickt. Beide Seiten untermauern ihre künftigen Absichten vor allem auf wirtschaftlichem Gebiet. Freie Marktwirtschaft und sozialistische Planwirtschaft stehen sich nun immer offener und unversöhnlicher gegenüber. Nun wachsen die Schikanen gegenüber den Privatunternehmen seit der Gründung der DDR, auch gegen die Schuhfabrik Carl Häßner an. Laufend finden Hausdurchsuchungen in der Weidaer Mittelstraße statt, um vielleicht doch ausreichend belastendes

Die ersten Fußballschuhe aus Hohenleuben aus dem Jahr 1955

Material gegen die Inhaber zu finden, die für eine Inhaftierung und mögliche Enteignung ausreichen. „Erfolge“ in dieser Hinsicht konnten jedoch nicht erzielt werden.

Im Bestreben der DDR, mit der wirtschaftlichen Entwicklung des Westens mitzuhalten, werden die Zügel gegenüber den eigenen Betrieben und der Bevölkerung immer fester angezogen. Dadurch bekommt allerdings das Verhältnis zwischen Volk und Regierung eine mächtige Spannung, die sich im Jahr 1953 auf dramatische Art und Weise entlädt und wovon auch die Schuhfabrik betroffen ist.

Am 9. Juni 1953 erhalten die Firmeninhaber die äußerst unangenehme und brisante Information, dass ihr Betrieb liquidiert werden soll. Um allen damit im Zusammenhang stehenden möglichen Schikanen und Repressalien aus dem Weg zu gehen, wird ihnen von Freunden die Flucht in den Westen angeraten. Es ist ein Ratschlag mit Folgen. Es kommt was kommen muss. Alle Inhaber verlassen nur mit dem notwendigsten Besitz ausgestattet und ohne ihre Familien die angestammte Heimat in Richtung Westen. Ihr Ziel ist jedoch nicht das nahe gelegene Franken in Bayern, sondern sie gehen in die Notaufnahme nach Westberlin. Wie viel Überwindung muss es wohl gekostet haben die Firma und die Familien zu verlassen? All das Erbe des Firmengründers Carl Häßner Senior und das ihrer eigenen Jahre des Engagements zur Bewahrung dessen einfach hinter sich lassend?

Mit der Verdrängung altgedienter Sozialdemokraten oder „opportuner“ Mitarbeiter aus wichtigen Positionen und ihrer Neubesetzung mit Kommunisten verschärft sich der politische Ton. Die Ideen der Sowjetunion unter Führung Stalins werden immer prägender im Osten Deutschlands. Der Druck auf Werktätige und Betriebe wächst innerhalb weniger Wochen rasant. Dem jungen DDR-Staat droht der finanzielle, wirtschaftliche und personelle Kollaps. Mit immer neuen Forderungen an Arbeitszeit, Auflagen und Normen wird der Bogen überspannt und bricht letztlich am 17. Juni 1953. In vielen Orten und Regionen gehen die Menschen auf die Straße, um gegen diese Maßnahmen aufzubegehren. Auf den Baustellen ruhen vielfach die Arbeiten. Auch der Vater des Autor, der zu dieser Zeit an der Weidaer Talsperre als junger Zimmermann arbeitete, erzählte von den Arbeitsniederlegungen auf den dortigen Baustellen. Die Regierung erkennt zwar, dass ihre Beschlüsse nur eine weitere Spaltung hervorrufen, doch die Einsicht, grundlegende politische Veränderungen herbeizuführen, fehlt ihr völlig. Mit taktischen Winkelzügen und falschen Versprechungen versucht sie mit einem Beschluss vom 3. Juni 1953 das

Rad herumzureißen. Doch aufhalten lässt sich der Widerstand vorerst nicht. Es kommt am 17. Juni zur offenen Konfrontation und dem Einsatz russischer Panzer zur Niederschlagung des Aufstandes in den großen Städten des Landes. Das kurze Aufflackern wird im Keim erstickt. In Hohenleuben dagegen macht man nach der Flucht der Inhaber Nägel mit Köpfen.

Staatliche Kräfte suchen den Betrieb auf und organisieren eine Betriebsversammlung, auf welcher die bis dato privat geführte Firma einfach zum volkseigenen Betrieb (VEB) erklärt wird. Ob die Staatsmacht unterschätzt hat, dass die Leitung der Schuhfabrik ohne Fachpersonal ein Tanz auf der Rasierklinge ist sei dahingestellt, denn nur kurz danach werden die Frauen der Gesellschafter Fritz Pöhler und Günter Seidel gebeten, die Leitung der Firma bis zur erhofften Rückkehr ihrer Männer zu übernehmen. Mit dem heutigen Wissen lässt sich diese Maßnahme nur als perfides Machtspiel bezeichnen. Erkannt, dass mit den eingeleiteten wirtschaftlichen Maßnahmen zur Stabilisierung der Volkswirtschaft in der Zeit vor dem 17. Juni 1953 diese in einer Sackgasse enden, beginnt man mit den schon erwähnten falschen Versprechungen. Ein angeblich „Neuer Kurs“ soll dafür die Grundlage schaffen, in dem etliche der Beschlüsse einer Parteikonferenz der SED aus dem Jahr 1952 korrigiert werden sollen. Diese Forderung geschieht maßgeblich unter der Federführung der Sowjetunion.

Doch nicht ein Wechsel der politischen Richtung ist das Ziel, sondern sie sollen der Beruhigung breiter Bevölkerungsschichten und der Rückkehr geflüchteter Unternehmer und Firmeninhaber dienen, ohne deren Fachwissen viele Firmen nicht produzieren können. Karl Häßner sieht das viele Jahre später in einem persönlichen Schreiben genauso. Für ihn ist dieser angebliche „Neue Kurs“ eine reine Mogelpackung, mit der die wahren Ziele nur verschleiert werden sollen. Offiziell heißt es, man will auf die Erhöhung der Arbeitsnormen verzichten. Man will offene Kritik zulassen. Die Presse soll wahrheitsgemäß berichten dürfen. Selbst Interzonen-Züge, also Züge zwischen Ost und West, sollen verstärkt fahren dürfen. Allein wenn die Zeit nach diesen Ankündigungen betrachtet wird, bleibt davon in der Realität nichts mehr übrig. Und da soll ausgerechnet die Ankündigung, die Rückkehr von Flüchtlingen ohne weitere Konsequenzen zu erleichtern und die Rückgabe vom beschlagnahmten Eigentum an ehemalige Firmeneigentümer in Aussicht zu stellen, verbunden mit der Maßnahme, den privaten Mittelstand zu fördern, den großen Erfolg bringen? Auch das die beiden Frauen zur weiteren Leitung der Schuhfabrik nach der Umwandlung in einen VEB eingesetzt werden, kann durchaus unter diesem Gedanken betrachtet werden. Die DDR will nach außen zeigen, dass man gewillt ist, etwas zu verändern. Und was könnte nicht eindeutiger sein, als die Ehefrauen als Leiterinnen einzusetzen und zu zeigen: Schaut her, wenn Eure Frauen wieder Euren Betrieb führen, dann könnt doch auch ihr als ehemalige Firmeninhaber wieder zurückkommen und es wird euch nichts passieren. Nein, passieren wird ihnen jetzt nichts, doch aufgeschoben ist nicht aufgehoben, wie einige Jahre später zu spüren sein wird.

Viele haben sich von solchen Versprechen nicht locken lassen und sind geblieben. Auch innerhalb der vier sich in den Westen abgesetzten Firmeninhaber der Hohenleubener Schuhfabrik gibt es erst einmal unterschiedliche Meinungen. Im Westteil von Berlin erfahren sie vom angeblich „Neuen Weg“ in der DDR. Sie müssen sich entscheiden. Doch ihre Entscheidung fällt nicht einstimmig aus. Nach acht Wochen entscheidet sich Carl Häßner gemeinsam mit Günter Seidel wieder nach Hohenleuben zurückzukehren. Repressalien müssen sie keine erdulden. Karl Häßner und Fritz Pöhler dagegen bleiben. Sie begeben sich nach Kleve und finden eine kurzzeitige Anstellung bei der Firma Heinrich Bause AG, mit der die Firma Häßner schon früher zusammengearbeitet hat. Doch dann kehren auch sie wieder zurück und die Produktion nimmt Fahrt auf.

Die Kollektionen erfahren Aktualisierungen. Das Sortiment der Sportschuhe findet Anklang und Kaufinteresse im In- und Ausland. 1955 nimmt die Schuhfabrik Hohenleuben erstmalig an der Leipziger Frühjahrsmesse unter ihrem Markennamen Zeha teil. Das andere Markenzeichen neben dem Namen Zeha sind die jeweils vier parallel angeordneten Streifen auf den Schuhseiten, die

H48 MM
LEIPZIGER MESSE
29. August bis 5. September 1948
Amtlicher Messeausweis
— für Eintagesaufenthalt ohne Anspruch auf Übernachtung in Leipzig —
169549
(nur gültig in Verbindung mit einem mit Lichtbild versehenen Personalausweis)
für
Weidaer Schuh…
in Firma

Messeausweis für dieSchuhfabrik Weida

Zeha-Markenzeichen nach dem Streit mit Adidas-Ausrüstung

als Doppelstreifen aufgesetzt sind und die in der Folgezeit für einige Auseinandersetzungen mit einem ähnlich gelagerten Unternehmen im Westteil des Landes sorgen werden. Den Messestand und die Ausstellung der Schuhe gestaltet die Zeha-Schuhfabrik Hohenleuben gemeinsam mit der Firma Bause Kleve und sie wird ein großer Erfolg. Erste Exportaufträge sind der Lohn der Arbeit.

Noch im gleichen Jahr meldet Carl Häßner Zeha als Marke unter dem Namen „Der Zeha-Sportschuh mit zwei Doppelstreifen – Seit 1897“ in beiden deutschen Staaten zum Namensschutz an. Das wiederum ruft nun endgültig den Sportartikelhersteller Adidas aus Herzogenaurach auf den Plan. Dessen Markenzeichen sind die heute weithin bekannten drei parallelen Streifen auf ihren Produkten. Adidas sieht in den optisch ebenso angeordneten vier Streifen der Zeha-Schuhe eine offensichtliche Konkurrenz zu ihren Streifen. Sie befürchten einen Werteverlust ihrer Marke durch die große Ähnlichkeit und drohen Zeha mit einer Klage, wenn sie sich nicht von den parallel verlaufenden Streifen verabschieden. Zeha nimmt diese Androhung ernst und macht sich Gedanken um eine mögliche Änderung, die jedoch nicht zu extrem ausfallen soll. Firmenteilhaber Karl Häßner und der Modelleur Johannes Schwalbe aus Hohenleuben ziehen nun jeweils zwei Streifen auseinander und ordnen sie in einem spitzen Winkel zueinander an. Mit dieser Markendarstellung ist die Firma Adidas einverstanden und verzichtet auf eine Klage.

Karl Häßner und Johannes Schwalbe bilden auch in der Folge ein gut zusammenarbeitendes Team. Mit ihren Ideen sorgen sie für die Entwicklung neuer Sportschuhmodelle und deren steter Weiterentwicklung. In der Volkswirtschaft versucht die DDR-Regierung ihre Produktionsabläufe zu effektivieren. Sie bündelt von oben herab verschiedene Betriebe unter dem Namen Vereinigung Volkseigener Betriebe (VVB), die mehr oder weniger durch ihre Produktpalette verbunden sind. Das Experiment, die schon von Zeha hergestellten Fußballschuhe nun ausschließlich im Volkseigenen Betrieb „Vorwärts“ in Weißenfels herzustellen, geht voll nach hinten los, denn die Qualität der Schuhe ist so schlecht, dass selbst der staatliche Handel die Abnahme der Schuhe ablehnt. So erfolgt die Rückbesinnung auf die erfahrenen Betriebe. Die Firma Zeha in Hohenleuben und die Firma Ilmia in Stadtilm sind vor Weißenfels die einzigen Betriebe der DDR, die Fußballschuhe produzieren und sie sind es jetzt wieder. Nicht viel später bekommt Hohenleuben sogar das gesamte Produktsortiment der Leichtathletik-Schuhe übertragen. Damit schließt sich der Kreis der Spezialisierung. Hohenleuben wird sich von nun an vollständig auf Sportschuhe für die verschiedensten Sportarten konzentrieren. Zu dieser Zeit sind das in erster Linie noch die Fußballstiefel sowie Trainingsschuhe und Schuhe für unterschiedliche Leichtathletikdisziplinen. Dazu suchen die Hohenleubener den engen Kontakt zu den verschiedenen Sportzentren des Landes und entwickeln für die unterschiedlichsten Sportarten spezielle Spezialsportschuhe.

Auch in den Jahren nach der ersten Teilnahme an der Leipziger Messe 1955 bleibt die Schuhfabrik Hohenleuben der Messe treu und erwirtschaftet regelmäßig gute Exporterlöse. So wie 1957, als sie Waren im Wert von 78.000 DM nur nach Holland und in die BRD versendet. Nur eines ist neu: Carl Häßner sieht sich einem neuen Zwang ausgesetzt. Ihm wird von staatlicher Seite ganz dringend angeraten, die langjährige Freundschaft und Zusammenarbeit mit der Firma Bause in Kleve zu beenden und keine gemeinsamen Projekte mehr gemeinsam in Angriff zu nehmen, damit ihm und der Firma keine Konsequenzen erwachsen. Die beiden deutschen Staaten entwickeln sich leider stetig in allen Bereichen kontinuierlich voneinander weg. Die alten Gemeinsamkeiten verschwimmen und werden immer unsichtbarer.

Der 1. Juli 1958 ist der Tag der Veränderung der Hohenleubener Schuhfabrik Carl Häßner. Ihr Status als Offene Handelsgesellschaft (OHG) ändert sich in den einer Kommanditgesellschaft (KG) mit dem Staat als stiller Teilhaberschaft. Es ist eine Zweckgemeinschaft des versteckten Zwanges. Der Staat möchte seinen Einfluss auf die privat geführten Firmen ausdehnen, auch wenn das nicht unbedingt dem reinen Versprechen aus dem Jahr 1953 entspricht, diesen Firmen keine Steine in den Weg legen zu wollen. Der Schuhfabrik wird ein Stück Eigentum entrissen, obwohl der staatliche Kommanditist keinen Einfluss auf die Betriebsleitung ausübt, doch wenigstens bleibt vorläufig die weitestgehende Selbständigkeit erhalten. Die Hände hält der staatliche Kommanditist allerdings bei den erarbeiteten Gewinnen auf. Mehr als auf die internen betrieblichen und fachlichen Abläufe nimmt der Staat politischen Einfluss innerhalb der Betriebsorganisation, wo die Spezialisierung gemeinsam mit der Produktionsentwicklung weiter voranschreitet und jetzt auch Wintersportschuhe zum Sortiment gehören. Die Produktionskapazität ist in der Zwischenzeit auf über 100.000 Paar Schuhe jährlich gestiegen. Die Schuhfabrik wird von nun dem Wirtschaftsrat in Gera unterstellt. Dadurch bekommt die Betriebsparteiorganisation der staatstragenden Sozialistischen Einheitspartei Deutschlands (SED) sowie die Massenorganisationen der Freien Deutschen Jugend (FDJ) und der

Blick in die Zwickerei 1961

Betriebsgewerkschaft (BG) mehr Einfluss in der Firma auf die Arbeitsprozesse. Zu diesem Zeitpunkt sind Karl Häßner technischer Direktor, Fritz Pöhler kaufmännischer Direktor und Günter Seidel Produktionsdirektor in der Schuhfabrik Carl Häßner in Hohenleuben. Es sind 165 Mitarbeiter im jetzt halbstaatlichen Betrieb beschäftigt, von denen es mehrheitlich Frauen sind, nämlich einhundertzehn. Es gibt eine Zuschneiderei, eine Stepperei, eine Stanzerei, eine Zwickerei und eine Montageabteilung.

Trotz der vorangegangenen missglückten Produktionsverlagerung in die Schuhfabrik Weißenfels setzt sich mit Beginn der 1960er Jahre die Zusammenarbeit durch Konzentration auf Spike-Schuhe und Spezialsportschuhe zwischen den Fabriken in Hohenleuben und Weißenfels fort. Damit sind sie Alleinausrüster in der DDR. Sie stellen Sportschuhe in der Leichtathletik für die Disziplinen Lauf, Sprung, Wurf und Stoßen her. Im Wintersportbereich sind es Spezialschuhe für die Bobfahrer und Rennschlittensportler. Selbst die Fechter und Ruderer werden mit Schuhen von ihnen versorgt. Sportpolitisch erfolgt eine enge Zusammenarbeit mit dem Deutschen Turn- und Sport-Bund (DTSB) in Berlin. Hier werden die politischen Entscheidungen in allen Fragen des Sports getroffen. Fachlich gibt es diese mit der Deutschen Hochschule für Körperkultur (DHfK) in Leipzig. Sie ist in der DDR von 1950 bis 1990 die zentrale Lehr- und Forschungseinrichtung in allen sportlichen Dingen.

Natürlich gibt es diese Beziehungen auch direkt zu den einzelnen Sportverbänden wie dem Deutschen Verband für Leichtathletik der DDR (DVfL). Das Hauptanliegen dieser Zusammenarbeit besteht in der kontinuierlichen Weiterentwicklung und Verbesserung der Schuhe zum Nutzen der jeweiligen Aktiven oder Mannschaften entsprechend der Sportarten. Im Jahr 1960 werden zur Olympiade in Rom erstmals DDR-Spitzensportler mit Wettkampfschuhen aus Hohenleuben ausgestattet. Und die erste Medaille mit einem Zeha-Spezialschuh gewinnt der Speerwerfer Walter Krüger aus dem heutigen Mecklenburg-Vorpommern mit einer Weite von 79,36 Metern. Mit dieser Olympiade beginnt eine langfristige Zusammenarbeit. Die Schuhfabrik Häßner stattet bis zur Olympiade 1972 in München DDR-Sportler mit den offiziellen Trainingsschuhen aus. Mit den Erfolgen der DDR-Sportler wächst auch die Exporttätigkeit. Eine kleine Auswahl von Ländern zeigt das recht eindrucksvoll.

In Europa sind das neben vielen anderen zum Beispiel Großbritannien, Frankreich, Schweden, Belgien und Norwegen.

In Asien tragen solche Länder wie Thailand, der Libanon, der Irak oder Kuweit Sportschuhe aus der Firma Häßner in Hohenleuben.

Auf dem afrikanischen und amerikanischen Kontingent sind es solche Länder wie Tunesien, Marokko, Nigeria, Kanada oder Kuba.

Diese Erfolge sind kein Zufallsprodukt. Sie sind das Ergebnis harter Arbeit aller Beschäftigten unter Nutzung der bisherigen Erfahrungen, gepaart mit Innovation und Entschlossenheit. Daneben müssen sich die Hohenleubener noch mit der harten Drei-Streifen-Konkurrenz aus der Bundesrepublik herumschlagen, die natürlich mit allen Mitteln versucht, unliebsame Konkurrenz vom Markt fernzuhalten. Dazu gehört sicher auch das unschöne Schauspiel um die Eintragung des Zeha-Warenzeichens mit den zwei Doppelstreifen unter der Nummer 757878 beim Deutschen Patentamt in München. Der Antrag der Schuhfabrik Carl Häßner ist Ende März 1960 eingereicht worden, doch erst Anfang Februar 1962 erfolgt der urkundliche Eintrag.

Dazwischen präsentieren die Hohenleubener Schuhhersteller auf der Leipziger Messe 1961 als Neuheit Fußballschuhe mit Gummi-Nocken-Sohle und einer Miramid-Sohle. Das ist eine Sohle aus Polyamid. In der Leichtathletik gibt es die ersten Kontakte mit ostdeutschen Spitzenläufern der Mittel- und Langstrecken. Darunter sind die für den ASK Vorwärts Berlin, dem späteren ASK Potsdam, startenden Siegried Valentin und Hans Grodotzki sowie der für Turbine Erfurt laufende Siegfried Herrmann. Alle haben schon Rekorde, Medaillen und Titel in ihren Disziplinen errungen. Hans Grodotzki zum Beispiel kehrt 1960 mit zwei Mal Silber auf den Langstrecken aus Rom zurück. Siegfried Valentin ist der erste DDR-Sportler, der einen Weltrekord läuft und Siegfried Herrmann schafft insgesamt 21 mal DDR-Rekord auf den verschiedensten Laufstrecken. Sie gehören mit zu den besten Läufern ihrer Zeit. Sie sind sozusagen prädestiniert, den im Jahr 1962 vorgestellten

Siegfried Valentin (r.) und Siegfried Herrmann

leichtesten Laufschuh der Welt bei Wettkämpfen zu tragen. Dieser Schuh besteht aus dem für DDR-Verhältnisse exotischen Känguru-Leder. Die vordere Sohlenhälfte besteht aus vier in Miramid eingespritzten Dornen. Die hintere Hälfte aus einer Natur-Crèpe-Sohle mit Ballenschutz. Trotzdem ist er mit seinem Gewicht von gerade einmal 100 Gramm extrem leicht und zugleich weich wie ein Handschuh.

Karl Häßner übernimmt eine neue Aufgabe. Er wird Leiter der Erzeugnisgruppe Arbeits-, Berufs- und Sportschuhe, einer freiwilligen Kooperation von Betrieben, egal ob staatlich oder privat geführt. Er bleibt es auch, als der Bereich Arbeits- und Berufsschuhe ausgegliedert wird. In Zusammenarbeit mit verschiedenen Verbänden wird daran gearbeitet, den Gebrauchswert und die Qualität der Spezialsportschuhe zu optimieren. Die Herstellung von Spezialschuhen für die unterschiedlichsten Sportarten verlangen viel individuelle Arbeit. Die dabei erreichte Qualität spricht sich herum und bringt gerade über die Leipziger Messe viel Anerkennung ein. Leider stehen die Sortimente mit der fast schon persönlichen Herstellung und individuellen Zuschnitte eines jeden Schuhes auf seinen Träger im Kontrast zu einer rentablen Produktion größeren Ausmaßes. Der Widerspruch zwischen individuellen Schuhen und möglicher Großproduktion scheint unlösbar. Darüber können selbst fast 155.000 Paar Schuhe nicht hinwegtäuschen, die im ganzen Jahr 1964 in Hohenleuben produziert werden. Allein Adidas als größter Konkurrent der Hohenleubener Sportschuhfabrik produziert Ende der 1960er-Jahre mit seinen über 500 Mitarbeitern in 16 Fabriken 22.000 Paar. Und das täglich! Es sind unter den Spezialsportschuhen zwar viele straßentaugliche Schuhe, doch übersteigt diese Zahl die der Hohenleubener um ein Vielfaches. Da können sie sich noch so große Mühe geben – diese Größenordnung werden sie nicht erreichen. Dafür ist der finanzielle und wirtschaftliche Vorsprung auf internationaler Ebene von Adidas einfach zu groß. Weltbekannte Sportler wie Jesse Owens, Sepp Herberger oder Max Schmeling sorgen mit ihren populären Namen und der entsprechenden Firmenpublicity für den internationalen Ruf der Marke mit den drei Streifen. Es bedarf anderer Zielstellungen bei Zeha.

Bei der Größenordnung der in Hohenleuben hergestellten Schuhe kann man sich nur auf die Qualität und das Material der Schuhe konzentrieren. Einen Beitrag dazu leistet Günter Schraps der die Idee hat, eine Schalen-Nocken-Sohle für die Fußballschuhe zu entwickeln. Mit dieser Methode kann in der Herstellung Bodenleder eingespart werden. Da Karl Häßner es nicht als Neurervorschlag einreichen konnte, übernahm das Günter Schraps, auch wenn es eine gemeinsame Idee der beiden war. 1964 erwirtschaftet Hohenleuben auf der Leipziger Messe einen Exporterlös von 150.000 DM. Im Vergleich zu 1957 ist das eine Verdoppelung der Auftragslage. Auf der Leipziger Messe 1965, der Jubiläumsmesse aus Anlass der ersten Messe vor 800 Jahren, erhält die Zeha-Schuhfabrik für außergewöhnliche Leistungen und die Qualität ihrer Fußballschuhe und Wettkampfspikes zum ersten Mal eine Goldmedaille.

Goldmedaille auf der Leipziger Messe 1965 für diese Fußballschuhen

Die Hohenleubener suchen die Zusammenarbeit mit verschiedenen Sportverbänden. Darunter sind der Fußball-Verband, der Handball-Verband, der Leichtathletik-Verband, der Schlitten- und

Bobsport-Verband, der Fechter-Verband, der Rudersport-Verband und der Hockeysport-Verband. Die Produktpalette erweiterte sich dadurch natürlich. Nicht immer war dies dienlich für eine effektive Großproduktion doch konnte man sich so internationale Meriten erarbeiten und das war den Regierungsverantwortlichen sehr viel wert. Was mit den Verbänden abgesprochen wird, muss letztlich in Hohenleuben umgesetzt werden. Das Qualität erwartet wird verwundert nicht und daran lassen die Mitarbeiter auch keinen Zweifel. Sie machen sich eher Gedanken darum, wie ihre Technik und Anlagen verbessert werden können um Zeit und Material zu sparen. So wie Betriebsschlosser Kurt Steudel. Er entwirft eine Maschine, mit welcher der erforderliche Kleber in ausreichender Menge durch eine technische Apparatur zur Spitze zweier passender Griffstücke transportiert wird, mit dem dann der Kleber aufgetragen wird. Auch der innerbetriebliche Ausbau der Fabrik schreitet voran, um mit den sich veränderten Produktionsbedingungen Schritt zu halten. Moderne Maschinen, gekauft oder selbst entwickelt, die für die Herstellung der unterschiedlichen Sportschuhe benötigt werden, halten Einzug in die Räume. Neue Modelle können durch all diese Aktivitäten erstmalig auf den Markt gebracht werden.

So bekommen die Fußballschuhe ein wasserabweisendes Oberleder mit einem schaumstoffgefüllten Fersenabschluss und der neu entwickelten Schalengummi-Nockensohle. Auch im Leichtathletikbereich entstehen ein paar neue Modelle. Es gibt drei neue Spike-Varianten und der Wettkampfschuh für die Werfer wird fast ohne Brandsohle und aus einem besonderem Leder angefertigt. Dadurch ist er sehr leicht und biegsam und sorgt für einen weichen Auftritt. Bei fast allen Modellen wird das Fußbett neugestaltet und schützt so besser vor Sportverletzungen und Achillesproblemen. Für die Sohlen wird das für diese Zeit sehr hochproduktive Verfahren der Anspritztechnik eingeführt. Die Technik dazu, der Spritzgussautomat DESMA 701/4, stammt allerdings aus Achim bei Bremen. Die Zeha-Modelle entwickeln sich zu den gefragtesten Sportschuhen in der DDR. Da die Anzahl der produzierten Schuhe nicht für die breite Masse ausreicht, werden sie vorrangig den aktiven Sportlern in den Klubs zur Verfügung gestellt. Die reinen Freizeitsportler bleiben dabei außen vor. Darüber hinaus gehen zehn Prozent der gesamten Produktion in den Export. Es bleibt also stets ein Balanceakt zwischen Wunsch und Realität.

Carl Häßner vor dem DESMA-Spritzgussautomat 1968

Das man aus Zeha-Fußballschuhen etwas Besonderes machen kann, zeigt folgende Anekdote: 1969 spielt die BSG Wismut Aue am 3. Mai im heimischen Otto-Grotewohl-Stadion ein Oberligaspiel gegen Hansa Rostock, das die Auer unter der Leitung des späteren WM-Final-Schiedsrichters Rudi Glöckner mit 3 zu 1 gewinnen. Ein Spieler dieser Mannschaft ist Dietmar Pohl, der von 1962 bis 1975 für Aue aufs Feld läuft. Eine Verletzung beendet seine Spielerkarriere. Danach wirkte er als Trainer für verschiedene Vereine. Auch bei der Mannschaft der BSG Fortschritt

Weida. Mit Weida und Hohenleuben verbindet Dietmar Pohl eine lange Geschichte, da er mehrfach mit seiner Fußballmannschaft in der Region weilt. Die BSG Wismut Aue und die BSG Wismut Hohenleuben hatten den gleichen Trägerbetrieb, die SDAG Wismut Ronneburg, die Sowjetisch-Deutsche Aktiengesellschaft für Uran-Abbau. Dank der Unterstützung durch die Wismut kommt auch deren Technik beim Bau eines neuen Sportplatzes zum Einsatz. Günter Seidel, der im 2. Weltkrieg seinen rechten Arm verlor, setzte sich nach der Arbeit auf die Planierraupe wenn kein Fahrer da war, um den künftigen Sportplatz zu planieren.

Viele Jahre vorher beschloss die Stadt Hohenleuben den Bau eines Sportplatzes. Als Vorarbeit wurden eine Obstbaumplantage und Maulbeerhecken entfernt. Danach stellte man plötzlich fest, dass es Finanzierungsprobleme gibt. Erst mit dem Wechsel von der BSG Fortschritt Weida zur BSG Wismut Hohenleuben änderte sich die Lage und Dank der Wismut konnten die finanzielle Seite und Frage der fehlenden Technik gelöst werden. Mit vielen zusätzlichen freiwilligen Arbeitsstunden realisierte man den Neubau bis zur Eröffnung 1963. So war es fast folgerichtig, dass die Oberliga-Mannschaft der BSG Wismut Aue und der Bezirksligist der BSG Wismut Hohenleuben das Eröffnungsspiel zur Einweihung des Sportplatzes bestreiten. Der zweijährige Thomas Seidel, jüngster Sohn von Günter Seidel, vollzieht am 15. September 1953 den Ehrenanstoß.

Diese Verbindung spiegelt die enge Zusammenarbeit von Zeha zu den Trägern ihrer Schuhe wider, welche die Zeha-Schuhfabrik über all die Jahre bei Sportlern so beliebt macht. Die ständigen Neuentwicklungen im Bereich der Sohle bei Fußballschuhen kommen auch der Mannschaft der BSG Wismut Aue zugute. Vor allem bei winterlichen Platzverhältnissen, wenn ein Halt der Spieler auf dem gefrorenen und glatten Rasen fast unmöglich ist. Alles wundert sich nur darüber, weshalb ausgerechnet die Auer Spieler weniger Probleme damit haben. Liegt es am Schnee, der im Erzgebirge häufiger fällt und deshalb das Training hier eher auf Schnee als in anderen Regionen erfolgt? Nein, wie Dietmar Pohl selbst sagt. Der Grund sind ihre Fußballschuhe. Sie tragen Zeha-Fußballstiefel. Doch nicht irgendwelche. Ihre Sohlen sind mit Gummistollen bestückt. Doch das reicht nicht für einen sicheren Stand. So lassen die Auer in einer Autowerkstatt ihre Schuhe mit Autoreifen-Spikes präparieren. Dazu werden die Gummistollen der Nockenschuhe aufgebohrt und die zehn Millimeter langen Spike-Hülsen mit einem drei Millimeter außenstehenden Stahlstift eingeschossen. Das bringt ihnen neben ihrer guten Physis wohl auch so manchen Punkt extra ein, auch wenn diese Schuhe so eigentlich nicht erlaubt waren, weil sie eine hohe Verletzungsgefahr für den Gegner darstellen.

Im Sommer des Jahres 1970 rücken die Schuhe aus Hohenleuben in den Fokus von Millionen Fernsehzuschauer und die Fabrik selbst in unruhiges wirtschaftliches Fahrwasser. Bei ersterem von den meisten Menschen wahrscheinlich eher unbeachtet, gilt doch ihr Interesse eher solchen Namen wie Pele, Carlos Alberto, Riva oder Mazzola. Sie spielen mit Brasilien und Italien das Endspiel der Fußball-WM in Mexico. Dem Träger der Schuhe jedoch wird eher nebenbei Aufmerksamkeit zuteil, denn auf Rudi Glöckner, dem Fifa-Schiedsrichter aus Markranstädt bei Leipzig, dem die Spielleitung anvertraut wird, hören sie alle und seine Füße tragen, trotz Bestechungsversuchen von Adidas, die Hohenleubener Zeha-Fußballschuhe. Gewiss eine Sternstunde für alle Beschäftigten in Hohenleuben, denn sie sind stolz auf ihre Arbeit und ihre Produkte und wenn sie so in der Öffentlichkeit zu sehen sind wie an diesem Tag im entfernten Mexiko noch etwas mehr. Doch wo die Sonne hell scheint, da ist auch dunkler Schatten, und den hat niemand so schnell kommen sehen.

Das Ende von Carl Häßner`s Werk

Für die immer noch mit Duldung des Staates privat geführten Firmen in der DDR beginnt mit dem Jahr 1970 gleich zu Beginn ein ungemütliches Jahrzehnt, auch für die Zeha-Schuhfabrik Hohenleuben. Zwar gibt es Anfang der 1950-er Jahre die offizielle Zusage das sie ihren privaten Status behalten können, doch seither gibt es immer wieder einzelne äußerst unangenehme Maßnahmen, welche den Status als Privatunternehmen Stück für Stück aufweichen. Offene und versteckte Methoden der staatlichen Einflussnahme sorgen für stetige Veränderungen. Schon längst herrscht in

Martha und Carl Häßner (hier 1970) heiraten am 18.12.1972

den Parteibüros der staatstragenden SED der absolute Wille, auch die letzten Bastionen der großen Privatfirmen in staatliche Hände zu bekommen und sie von der wirtschaftlichen Bildfläche verschwinden zu lassen. Den entscheidenden Anstoß dafür gibt im Jahr 1971 ein sogenannter Parteitag der SED. Auf ihm werden unter dem Deckmantel der offiziell verkündeten Einheit von Wirtschafts- und Sozialpolitik die rechtlichen Möglichkeiten geschaffen, private Firmen zu verstaatlichen. Auf der einen Seite der Beschlüsse bringt ein großes Wohnungsbauprogramm Verbesserungen für viele Menschen, allerdings auch den Verlust großer Bestände von eigentlich erhaltenswerter Altbausubstanz. Im Portemonnaie spüren sie die positive Entwicklung ebenfalls, denn ihr Nettoeinkommen bekommt Zuwachs.

Das große Problem als Ausdruck des Widerspruchs bleibt jedoch die Wirtschaft, die zunehmend unter das Diktat der Politik gerät. Ökonomische Fragen geraten in den Hintergrund und werden ideologisch abgelehnt. Allein die nun offiziell angegangene Verstaatlichung und Zentralisierung der Wirtschaft und ihre Konzentration auf Kombinate wird als der einzig richtige Weg angesehen, um die Volkswirtschaft weiterzuentwickeln. Der Beginn der Enteignungswelle wichtiger Betriebe ist nur der Anfang. Es werden über die Jahre verteilt weitere folgen. Diejenigen Firmen, welche bis zum Ende der DDR noch privat geführt werden dürfen, sind nur in den Handwerksbetrieben und im Einzelhandel zu finden. Natürlich schaut ihnen der Staat auf die Finger, was die Einnahmen betrifft. Schließlich will er daran partizipieren. Auf der anderen Seite liegt ihr Wachstum unter dem Aspekt der Kontrolle ebenso unter staatlicher Überwachung, denn die Anzahl der Beschäftigten in den kleinen Firmen darf die Größe von zehn Beschäftigte nicht übersteigen.

Das Jahr nach dem Parteitag ist für mehrere private Schuhfabriken in Thüringen das letzte Jahr ihrer Existenz. Die Louis Höring KG in Stadtilm, gegründet 1849, wird enteignet. Die Firma Albert Machedanz und Co KG in Stadtilm wird ebenfalls in diesem Jahr verstaatlicht. Sie wird in die Firma Ilmia von Paul Hoffmann und seiner Co KG eingegliedert und verliert fünf Jahre später komplett ihre Eigenständigkeit. Seit 1898 produziert Paul Hoffmann in

Stadtilm Schuhe. Nach der Verstaatlichung wird der Betrieb in das Kombinat GERMINA eingegliedert und der Name verschwindet für lange Jahre vom Markt. Eigentlich werden unter dem Namen in Schmalkalden Sportgeräte hergestellt, doch im Warenzeichenverband wurde festgelegt, dass alle Hersteller von Sportgeräten, inklusive aller Sportschuhproduzenten, unter GERMINA aufzuführen sind. Die Firma Otto Krähmer erlebt ebenfalls eine Enteignung und wird mit der von Albert Machedanz zusammengeschlossen. Ihre eigenen Produktionsstätten werden aufgegeben. Die zeitlichen Abläufe, wer wann enteignet und verstaatlicht wird, bleibt an dieser Stelle außen vor. Am Ende dieser Entwicklungen steht die völlige Enteignung aller privaten Schuhfabriken in Stadtilm zu Buche.

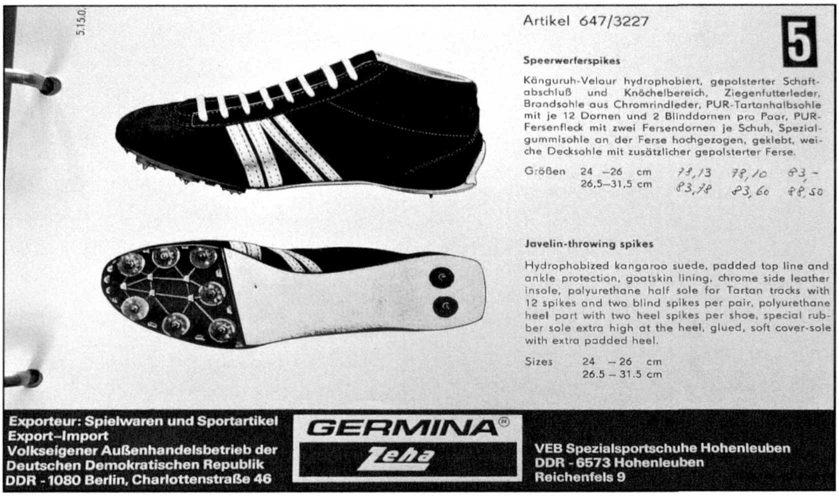

Zeha-Schuhe aus dem GERMINA-Katalog

Für die Zeha-Schuhfabrik Hohenleuben fallen Anfang 1972 innerhalb von drei Monaten zwei gravierende Ereignisse zusammen. Noch am 29. Januar feiert sie das 75-jährige Betriebsjubiläum mit den Mitarbeitern auf dem Burgruinenhof Reichenfels oberhalb des Betriebsgeländes. Ein wirklich beachtenswertes Jubiläum. Immerhin hat sie zwei Weltkriege überstanden und nach dem zweiten sogar den Beginn der sozialistischen Planwirtschaft überlebt. Nun jedoch, gut neunzig Tage nach dem Betriebsjubiläum, schlägt auch in Hohenleuben die Keule der Enteignung bei Zeha zu. Am 24. April 1972 wird der Betrieb enteignet und voll verstaatlicht. Aus der Zeha-Schuhfabrik wird der „VEB Spezialsportschuhe Hohenleuben“. Das rechtlich geschützte Warenzeichen von Zeha mit den zwei Doppelstreifen bleibt zum Glück das Wahrzeichen auch des neuen Betriebes.

Für Carl Häßner und seine Mitinhaber dürfte das ein schwerer Schlag ins Gesicht gewesen sein, nachdem sie sich auf das Versprechen der Regierung verlassen haben und wieder aus der Bundesrepublik in die DDR zurückgekehrt sind, um „ihre“ Fabrik weiter zu führen. Und nun dieser radikale Einschnitt. Selbst ihre Patente gehören nicht mehr ihnen, sondern gehen mit der Enteignung auf den VEB über. Dem Wirtschaftsrat des Bezirk Gera dagegen dürfte ein Lächeln über das Gesicht huschen, können sie doch letztlich hinter der Maßnahme dieses unsäglichen Parteitages einen Haken machen, sich selbstzufrieden feiern und wieder eine Firma von ihrem Privatbesitz getrennt zu haben. Ob die Mitarbeiter das in diesem Augenblick ähnlich sehen, darf bezweifelt werden, doch ihre Existenzen hängen davon ab und so werden sie sich perspektivisch damit arrangieren müssen. Es wird jedenfalls kein einfacher Weg für sie.

Nicht viel anders sieht es bei den Firmeninhabern aus. Carl Häßner hat die Firma als Kapitän durch alle Höhen und Tiefen der Zeit gesteuert. Und nun soll von jetzt auf sofort sein Lebenswerk und das seines Vaters im Niemandsland verschwinden? Es ist für ihn nicht vorstellbar und die Realität bestätigt es. Carl Häßner ist bei der Enteignung fast 79 Jahre alt. Das immer wieder von Hindernissen ge-prägte Leben, sein unermüdlicher Einsatz für das Werk seines Vaters, der Aufbau des neuen Werkes und die ständig zwischen seine Beine geworfenen Knüppel von Vater Staat hat an ihm gnadenlos gezehrt, auch wenn seine Familie immer an seiner Seite stand und er der Achtung und Wertschätzung seiner Mitarbeiter sicher sein konnte. Der endgültige Verlust der Firma geht nicht an ihm spurlos vorbei. Seine Kräfte verlassen ihn. Er hat genug. Er mag sich mit den neuen Machthabern in der Firma nicht mehr arrangieren. Er scheidet gebrochenen Herzen aus. Als neuer Betriebsdirektor wird Helmut Hoppe eingesetzt.

Johannes Seidel auf der Leipziger Messe 1975

Karl Häßner, sein Sohn, verliert als Leiter der Technik Schritt für Schritt seinen Einflussbereich. Auch er verlässt nur ein knappes Jahr nach der Enteignung im Februar 1973 den Betrieb schwer gekränkt und arbeitet ab da als Mitarbeiter Technik der Erzeugnisgruppe Sportschuhe im VEB Schuhkombinat „Banner des Friedens“, Weißenfels, mit Sitz in Weida. Zu Beginn in der Weidaer Schuhfabrik und später in eigenen Räumen am Platz der Freiheit. Seinen Platz in der Erzeugnisentwicklung im VEB Spezialsportschuhe übernimmt Siegfried Kießling.

Fritz Pöhler bleibt kaufmännischer Direktor und Günter Seidel Produktionsleiter. Fritz Pöhler war auch für die Materialbeschaffung zuständig. Das nimmt er sehr genau. Das für die Schuhherstellung benötigte Leder wird in Rollen mit genauen Gewicht- und Längenangaben geliefert. Wichtiger als das Gewicht ist jedoch die

Fritz Pöhler auf dem Firmengelände in Hohenleuben

Fläche zum Ausstanzen. Auch wenn das Gewicht stimmt, mussten die Rollen bei ihm immer ausgerollt und nachgemessen werden. Und siehe da, wie so oft hatte er Recht, denn die Flächenangaben waren meist unterschritten und das Gewicht anderweitig ausgeglichen. Auch die Ein- und Ausgaben wurden von ihm besonders akkurat überprüft. Als rechte Hand steht ihm Günter Schraps als Planungsleiter, ein langjähriger Mitarbeiter und begeisterter Fußballer, zur Seite. Seine Familie trug einen nicht unwichtigen Beitrag zum Neubau in Hohenleuben bei. Die Baufirma seiner Schwiegereltern Gerold war ganz wesentlich am Bau der Schuhfabrik beteiligt.

Die sportliche Herausforderung für Zeha-Schuhe findet sich mit der ersten großen weltweiten Sportveranstaltung nach der Enteignung der Schuhfabrik Carl Häßner ebenfalls im Jahr 1972. Die Sommerspiele der XX. Olympiade stehen im September an. Und das ausgerechnet im anderen deutschen Staat. Die meisten der Spezialsportschuhe stammen noch aus der Entwicklungszeit vor der Enteignung und Verstaatlichung. Da die Sportschuhfabrik Hohenleuben bis 1988 Mitausstatter sämtlicher Olympiamannschaften der DDR bleibt, bekommen natürlich auch die Besucher der verschiedenen Wettkämpfe in München die ostdeutschen Sportler in Zeha-Schuhen zu sehen. Bei den Siegen von Ruth Fuchs und Wolfgang Nordwig in der Leichtathletik oder den Ruderern Frank Forberger, Frank Rühle, Dieter Grahn und Dieter Schubert sind die 2 Doppelstreifen von Zeha bei der Siegerehrung mit dabei. Doch außer bei Ruth Fuchs sehen die Streifen auf den Schuhen bei den Wettkämpfen der Leichtathleten etwas anders aus als bisher gewohnt. Sie tragen Schuhe, auf denen nicht die zwei Doppelstreifen zu sehen sind, sondern die drei parallelen Streifen des großen Konkurrenten Adidas aus der Bundesrepublik.

Was ist geschehen? Wieso treten DDR-Sportler plötzlich mit Adidas-Ausrüstung zu Wettkämpfen an? Sind die Zeha-Schuhe nicht mehr gut genug?

Adidas ist in den Jahren nach dem Krieg zu einer Macht unter den sportlichen Ausrüstern aufgestiegen. Immer wieder ist zu hören, dass Adi Dassler nicht nur auf Grund der Qualität seiner Produkte zum Marktführer aufgestiegen ist. Mit engen persönlichen Beziehungen und einer ganzen Menge Geld schafft er sich Strukturen, die ihm bei allen wichtigen sportpolitischen Entscheidungen großen Einfluss verschaffen. Nur allein der gute Name Adidas scheint ihm nicht zu reichen. Mit Geld kauft er erfolgreiche und namhafte Sportler, die im Gegenzug seine Produkte tragen. Mit ihren Erfolgen kann er sich schmücken und erweitert so sein Imperium

Schritt für Schritt. In der westlichen Hemisphäre ist das die gängige Praxis. Selbst mit Puma, der Sportartikelherstellerfirma seines Bruders, treibt er dieses Spiel. Jeder versucht die besten Sportler auf seine Seite zu ziehen. Auf der östlichen Seite funktioniert das nicht in der von ihnen gewohnten Art und Weise. Hier muss sich Adidas ganz gezielt auf andere Wege begeben.

Gleich nach der Firmengründung beginnt Adidas damit, bekannten Sportlern kostenlos Sportausrüstung zur Verfügung zu stellen. Geld oder andere Gegenleistungen dürfen nach den geltenden Amateurregeln dieser Zeit nicht offiziell geleistet werden. Dann also schenken denkt er sich. Einer der ersten Sportler dieser Zeit ist der berühmte Läufer Emil Zatopek aus der Tschechoslowakei. Mit Adidas-Schuhen gewinnt er drei olympische Goldmedaillen bei der Sommerolympiade 1952 in Helsinki. Der Werbeeffekt für die Herzogenauracher ist enorm und wird Wirkung hinterlassen. Dafür bleibt Emil Zatopek Adidas aus Dankbarkeit sein Leben lang als Markenbotschafter erhalten. Für die großen Umsätze ist der osteuropäische Markt noch ungeeignet.

Die Länder des Ostblocks haben sich mit ihrer eigenen Strategie in die Isolation begeben. Es fehlt in vielen Bereichen an den Grundlagen für eine erfolgreiche wirtschaftliche Entwicklung. Das Schmoren im eigenen Saft blockiert den Fortschritt. Um Devisen für den internationalen Handelsaustausch einzunehmen sind sie jedoch offen für lukrative Lohnproduktionen. Da werden dann schon gern Kompromisse gemacht was die Verkaufspreise anbetrifft, die meistens weit unter denen im Westen liegen. In der DDR sträuben sich die Regierenden offiziell stärker gegen solche Aktivitäten als andere Länder des Ostens. Unabhängig davon gibt es bereits vor 1971 unter der Regierung von Walter Ulbricht Bemühungen beider Seiten, Adidas-Produkte in der DDR abzusetzen. Dazu reist sogar der Vizepräsident des DTSB der DDR, Franz Rydz, höchstpersönlich in die BRD um Adidas-Schuhe für die

Creme de la Creme der DDR-Spitzensportler einzukaufen. Von diesen Reisen soll niemand etwas erfahren. Das plötzlich DDR-Athleten mit Adidas-Schuhen an den Wettkämpfen teilnehmen sieht dagegen jeder im Fernsehen und ganz auffällig natürlich während der Olympiade in München.

Mit diesen Spielen beginnt so richtig das Bestreben von Adidas, sich langfristig das Geschäft mit Osteuropa und besonders der DDR zu sichern. Die Erfolge ihrer Sportler in München machen sie für Herzogenaurach und ihre Werbestrategien lukrativ. Ihre Bemühungen rennen bei nicht wenigen Funktionären offene Türen ein. Sie sehen wohl ähnlich wie viele Sportler die gute Qualität der Produkte aus dem Hause Adidas. Die wiederum denken vielleicht, dass sich mit ihnen durchaus ihre sportlichen Leistungen verbessern lassen könnten. Natürlich möchte man als Spitzensportler auch die Ausrüstung tragen, die ein Weltmarktführer produziert. Das sind Gedanken, die den Regierenden wohl eher nebensächlich erscheinen.

Mit ihren eigenen Beschlüssen von 1971 haben sie sich natürlich unter Druck gesetzt und spüren nun, dass es damit in der Realität nicht so einfach ist. Viele Dinge sind nur auf dem Weltmarkt zu bekommen und das kostet richtig Geld. Geld, das nicht in ausreichendem Maße vorhanden ist. Devisen heißt das Zauberwort. Kann man diese nicht einnehmen, wenn das Tragen der Adidas-Ausrüstungen mit Geld aufgewogen wird? Schließlich würde sie von Weltklasse-Athleten tragen. Das die wiederum unfreiwillig als Werbeträger für Adidas springen, laufen oder spielen stört auf einmal niemand mehr, wenn die Kohle dafür stimmt.

Beide Seiten können somit profitieren. Die Ausdauer von Adidas, der fortschreitende Mangel an notwendigen Waren für die Wirtschaft und die immer größer werdenden Engpässe bei der täglichen Versorgung der Bevölkerung führen langfristig zu einem

Umdenken der SED- und Sportfunktionäre, die erstaunliche Ergebnisse möglich machen wird. Für die Hohenleubener Schuhfabrik wird diese Entwicklung zu einem bösen Bumerang werden.

Die mit der Enteignung und Verstaatlichung größerer privater Betriebe begonnene Umwälzung findet stückweise auch immer wieder bei kleineren Firmen statt. So wird ebenfalls 1972 die Produktionsgenossenschaft des Handwerks (PGH) „Voran“ aus Hohenleuben zum VEB Hausschuhe Hohenleuben umgewandelt. Der letzte Nutznießer werden die Spezialsportschuhe Hohenleuben, bei der der Hausschuhbetrieb als neuer Betriebsteil 2 angegliedert wird. Damit wird auch die Produktion von Hausschuhen auf Kindersportschuhe umgestellt. Nach all den Veränderungen im Laufe des Jahres sind im Stammbetrieb und den angeschlossenen Betriebsteilen rund 400 Beschäftigte in Voll- und Teilzeitarbeit angestellt.

Das Schicksal schreibt erneut freudige und traurige Geschichten. Kurz vor Ende des Jahres 1972 gibt es für den im Frühjahr enteigneten Firmeninhaber Carl Häßner einen freudigen Anlass zu feiern. Am 18. Dezember 1972 heiratet er in Triebes die verwitwete Martha Gunstmann. Sie ist einige Jahre jünger als Carl, stammt aus Wuppertal und ist eine Freundin aus früheren Tagen. Ein Lichtblick für Carl Häßner. Viel gemeinsame Zeit bleibt den beiden für die Zukunft leider nicht. Die ganzen Umstände machen Carl Häßner krank. Zwei Jahre später, am 3. Oktober des Jahres 1974 stirbt er nach einem langen und ereignisreichen Leben mit über 80 Jahren in seinem Wohnhaus gleich neben der Schuhfabrik in Hohenleuben und unterhalb der Burgruine Reichenfels, die beide gemeinsam neben seinem gesellschaftlichen Engagement eine besondere Beziehung zu Carl Häßner und der Zeha-Schuhfabrik haben. Gemeinsam mit seiner Frau Marie wird er auf dem Friedhof in Weida, dem Ort der Firmengründung durch seinen Vater, beigesetzt.

Schon in Weida brachte sich Carl Häßner als aktiver Fußballer in den dortigen Verein ein und tat das später auch in Hohenleuben.

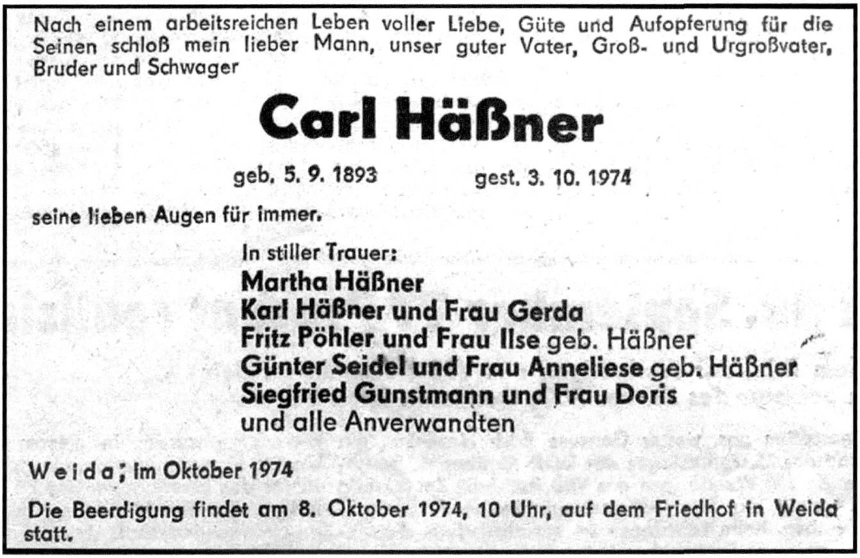

Nach einem arbeitsreichen Leben voller Liebe, Güte und Aufopferung für die Seinen schloß mein lieber Mann, unser guter Vater, Groß- und Urgroßvater, Bruder und Schwager

Carl Häßner

geb. 5. 9. 1893 gest. 3. 10. 1974

seine lieben Augen für immer.

In stiller Trauer:
Martha Häßner
Karl Häßner und Frau Gerda
Fritz Pöhler und Frau Ilse geb. Häßner
Günter Seidel und Frau Anneliese geb. Häßner
Siegfried Gunstmann und Frau Doris
und alle Anverwandten

Weida, im Oktober 1974

Die Beerdigung findet am 8. Oktober 1974, 10 Uhr, auf dem Friedhof in Weida statt.

Traueranzeige für den verstorbenen ehem. Firmeninhaber von Zeha

Er wurde Vereinsvorsitzender des FC Thüringen Weida, half mit Zeha in Hohenleuben beim Bau des dortigen Sportplatzes und spendete als Firma den „Zeha-Pokal“, einen goldenen Fußballschuh, der von 1967 bis 1975 jährlich zu Pfingsten in einem offenen Turnier ausgespielt wird. Nach der Wende und bis zum endgültigen Ende des Unternehmens findet der Pokal unter einem anderen Namen nochmal eine kurze Fortsetzung. Im Schicksalsjahr 1972 wird in Hohenleuben der Neubau eines Kindergarten feierlich übergeben, dessen Finanzierung ebenfalls mit großer Hilfe der Schuhfabrik erfolgt. Dafür sind von den 80 Plätzen 28 für die Kinder von Betriebsangehörigen vorgesehen. Das Verhältnis von Schuhfabrik und der Stadt Hohenleuben bleibt ein gegenseitiges Geben und Nehmen. Noch intensiver ist jedoch die Beziehung zur Burgruine Reichenfels.

Seit dem Umzug der Schuhfabrik von Weida nach Hohenleuben engagiert sich Carl Häßner für den Erhalt der Überreste der alten Burg oben auf dem Berg gegenüber dem neuen Betriebsgelände und dem Museum Reichenfels. Dazu sei gesagt, dass dieses Engagement von der gesamten Firmenleitung getragen wird, Carl Häßner dabei jedoch der führende Kopf ist. Als Mitglied im geschaffenen Museumsbeirat ist er direkt an den wichtigen Entscheidungen mitbeteiligt. Von 1959 bis 1962 übernimmt er sogar die Leitung des Beirates. Das Hauptanliegen besteht zunächst darin, den weiteren Diabas-Abbau in unmittelbarer Nähe der Ruine zur Gewinnung von Baumaterial für neue Bauten nach den Verwüstungen des Zweiten Weltkrieges zu verhindern. Es gelingt als erster wichtiger Schritt, dass der Betriebsteil Reichenfelser Grünsteinwerke des VEB Straßenbau Weimar seine Produktion einstellt.

Viele neue Ideen trägt Carl Häßner bei. So ist es einer Anregung von ihm zu verdanken, dass ab 1955 mit Hilfe der Stadtverwaltung und der Ortsgruppe des Kulturbundes Hohenleuben der Ausbau der Ruine Reichenfels zu einem Naherholungsgebiet erfolgt. Wo gearbeitet wird, da wird auch gefeiert, und so findet im Sommer des gleichen Jahres das vom Kulturbund, der Nationalen Front und der Stadtverwaltung Hohenleuben organisierte 1. Ruinenfest statt.

Als sich 1959 ein Stadtclub für Kulturarbeit in Hohenleuben gründet, gehört Carl Häßner zu den ersten Mitgliedern des Clubs. 1959 beschließt die Regierung den sogenannten Bitterfelder Weg. Mit ihm will die Regierung der DDR in der Kulturarbeit den Werktätigen des Landes den Zugang zu Kunst und Kultur stärker als bisher ermöglichen, doch dabei ihre ideologischen Ziele stärker durchsetzen. Wie so oft enden die positiven Ansätze und Ideen allerdings in rigiden Vorgängen in den durchsetzenden Organen. So ist es letztlich keine Überraschung als die Umsetzung der in Bitterfeld gefassten Beschlüsse auch in Hohenleuben ankommt.

Der Kreistag beschließt den Einsatz einer Kommission, welche bestehende Museen anleiten soll. In solchen Gremien werden meistens parteitreue Leute eingesetzt, die leider selten Fachwissen aufweisen. Auch der Reichenfelser Museumsbeirat wird aufgelöst

Blick über die Schuhfabrik Carl Häßner zur Ruine Reichenfels (ca. 1960)

mit dem Ergebnis, dass außer dem amtierenden Museumsleiter keiner aus dem Ort und keiner mit dem Wissen über die Burg Reichenfels ausgestattet ist. Ungeachtet all dieser Querelen bleibt Carl Häßner bis zu seinem Tode ein steter Förderer des Reichenfelser Ruinenfestes. 1990 wird ihm zu Ehren auf dem Gelände der Burg Reichenfels eine Eibe gepflanzt, die leider beim Umbau des Innenhofes im Zuge der Neugestaltung der Gaststätte weichen muss. Dafür wird eine neue Gedenktafel an der Terrassenmauer, die an ihn erinnert, angebracht.

Geld frisst Moral oder der Verkauf eigener Werte

Der erste gesellschaftliche Aufschwung nach dem angekündigten politischen Wandel 1971 macht sich jetzt in der Hohenleubener Schuhfabrik bemerkbar. 1976 beginnt neben der Produktionsstätte mit der Grundsteinlegung des Neubaus eines Sozial- und Verwaltungsgebäudes mit Werksküche, Speisesaal und Verwaltungsräumen. Das führt zu einer wesentlichen Verbesserung der avisierten Arbeits- und Lebensbedingungen der Werktätigen, denn seit dem Bau der neuen Betriebsstätte in Hohenleuben kurz nach dem Zweiten Weltkrieg erfolgten keine wesentlichen baulichen Veränderungen. Die DDR schmückt manche Geschichten gern mit großen Worten aus, obwohl sich dahinter häufig nur etwas anderes verbirgt. So wird gleichzeitig offiziell mit dem Bau des Sozialgebäudes auch eine Zentrale Forschungs- und Entwicklungsstelle für Spezialsportschuhe der DDR als auch ein Büro für die Erzeugnisgruppe Sportschuhe, die vorher in Weida ihren Sitz hatte, eingerichtet. Erstere Einrichtung wird hinter vorgehaltener Hand auch nur als offizielle Begründung für den Bau des großen Sozialgebäudes angesehen, da in der ideologischen Auffassung des Sozialismus der DDR in Abgrenzung zum Kapitalismus der BRD eine Verwaltung eher eine untergeordnete Rolle zu spielen hat, und nur wertvolle Ressourcen für den sozialistischen Fortschritt blockieren würden. Wie will man da den Bau eines größeren Objektes für eine Verwaltung sonst rechtfertigen. Also muss eben etwas Großes im Namen her. Dass die Entwicklungsarbeiten später überwiegend nur für den eigenen VEB Spezialsportschuhe Hohenleuben erfolgen, bestätigt gewissermaßen indirekt diese Annahme.

Dass sich die Arbeit in der geschaffenen Forschungs- und Entwicklungsstelle für die Fabrik trotzdem lohnt, zeigt der Anteil, den die Verbesserungen durch die Weiterentwicklung der Sportschuhe hervorbringt. Immerhin sind 1980, nur ein Jahr nach der Fertigstellung des Hauses, mehr als ein Viertel der angefertigten Schuhe

Neu- oder Weiterentwicklungen. Hauptschwerpunkt sind dabei die Gewichtsreduzierung und die Wasserabweisung des Materials. 1.200 Paar Schuhe produzieren sie jetzt täglich.

Noch immer erfolgen Eingliederungen von kleineren Betrieben in den VEB Spezialsportschuhe Hohenleuben. Allein 1978 erfolgt ein Zuwachs mit vier weiteren Unternehmen. Nachdem schon die PGH „Voran“ eingegliedert wurde, folgt jetzt die PGH Ebert aus Hohenleuben mit kleiner Außenstelle in Ranspach. Dazu gesellen sich der VEB Schäftefabrik Weida mit einem Betriebsteil in Ronneburg, die ehemalige private Firma Behnisch & Dassler aus Weida und der VEB Fortschritt Weida, ehemals PGH Fortschritt Weida. Seit der Einrichtung der Forschungs- und Entwicklungsstelle in Hohenleuben ist Karl Häßner nach Querelen mit dem Betriebsdirektor Mundhaß Mitarbeiter der Technischen Kontrollorganisation (TKO) für alle Sportschuhbetriebe der DDR beim Amt für Standardisierung, Messwesen und Warenprüfung (ASMW) mit Hauptsitz in Berlin. Nach der Fertigstellung des neuen Gebäudes in Hohenleuben zieht auch er aus Weida wieder näher an seine ehemalige Firma. Dort werden im Jahr 1979 die Einlaufschuhe für Läufer und Schuhe für Kugelstoßer aus Boxcalf-Velour-Leder produziert. Känguruleder kommt weiterhin bei anderen Sportschuhen zum Einsatz. Karl Häßners unmittelbare Tätigkeit als Prüf- und Kontrollingenieur beim ASMW Berlin endet mit der gesellschaftlichen Wende 1989. Durch sein Wissen und seine Erfahrung ist Karl Häßner mitbeteiligt am „Lexikon der Schuhtechnik“, welches 1983 über den VEB Fachbuchverlag Leipzig veröffentlicht wird. Was in Hohenleuben an hochwertigen Sportschuhen produziert wird, reicht längst nicht aus, um den gesamten Bedarf im Land zu decken.

So beschließt man in der Hoffnung auf Verbesserung den Zusammenschluss mit weiteren Betrieben aus der Region, die dem VEB Spezialsportschuhe Hohenleuben ökonomisch und juristisch unterstellt werden. Am 1. September 1981 wird mit der Angliederung von neuen Betrieben das Kombinat „VEB Kombinat Lederverarbeitung Hohenleuben“ geschaffen. Dazu gehören Lederwarenfabriken aus Königsee, Weida und Neustadt an der Orla. Sie haben in ihrem Sortiment bisher hauptsächlich Taschen in allen Varianten hergestellt, die zu großen Teilen in den Westexport gingen. Differenzen in der Produktionsausrichtung lassen das Projekt 1988 scheitern und das Kombinat wird wieder aufgelöst. Der VEB Spezialsportschuhe Hohenleuben strebt nun eine Eingliederung in das Kombinat Schuhe Weißenfels an, da Investitionen, Lederverteilung etc. weitestgehend über das Kombinat ablaufen. Gemeinsam mit der Weidaer Schuhfabrik sollte ein starker Sportschuhbetrieb in der Region entstehen. Welchen Stellenwert das auch für das Kombinat Schuhe hatte zeigt die Tatsache, dass der stellvertretende Generaldirektor Karl-Heinz Küpper als Koordinator eingesetzt wurde.

1981 wird zwei Jahre nach ihrer Einrichtung die Forschungs- und Entwicklungsstelle bereits wieder aufgelöst. Dafür gibt es einen schwerwiegenden Grund. Manfred Ewald, der Chef des DTSB der DDR sowie sein Stellvertreter Günther Heinze reden mit dem Adidas-Chef Horst Dassler am Rande eines Olympischen Kongresses in Baden-Baden. Es geht um die weitere Ausgestaltung der bestehenden Promotions-Verträge zwischen der DDR und Adidas, die schon seit Anfang der 1970er Jahre erfolgreich existiert. Was bisher nur den Teil der Sportschuhe als Ausrüstung der DDR-Sportler bei internationalen Wettkämpfen betrifft, soll nun auf die gesamte Ausrüstung übertragen werden und darüber sprechen die Vertreter der beiden deutschen Staaten. Die DTSB-Führung steht unter Druck. Die Gelder aus dem Staatshaushalt sind begrenzt und eigene Deviseneinnahmen rar. Andere Länder, vor allem der „große Bruder“ Sowjetunion, sind diesbezüglich schon weiter und erhalten für das Tragen von Adidas-Produkten schon seit Anfang 1976 Geld und die exklusive Ausstattung als

Gegenleistung. Nach ein paar Sondierungsgesprächen im Vorfeld finden im September 1981 Gespräche statt, welche die künftigen Weichen für die Hohenleubener Sportschuhfabrik ein weiteres Mal entscheidend verstellen werden. Im Ergebnis dieser Gespräche verfassen die Entscheidungsträger des DTSB ein Papier für die politischen Entscheider des Landes. Kernpunkt darin waren die drohende Isolation der DDR im Zuge der um sich greifenden Professionalisierung im Sport und die Möglichkeiten der sich daraus ergebenden Devisenbeschaffung für die klamme Republik.

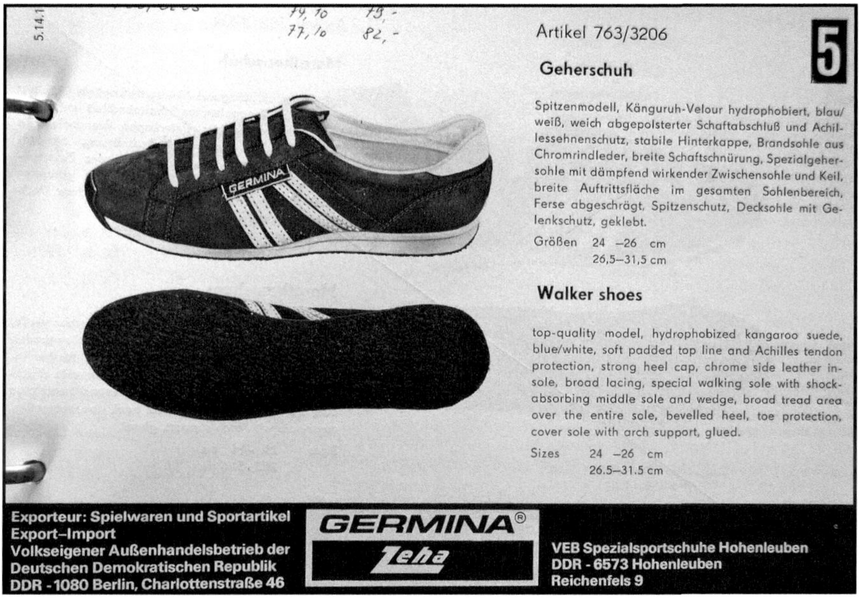

Zeha-Schuhe aus dem GERMINA-Katalog

Das scheint der um ein gutes Renommee bemühten Staats- und Parteiführung Grund genug, dem vorgelegten Papier Wohlwollen entgegen zu bringen. Das und die zunehmende Zahlungsunfähigkeit der DDR führen langsam zu einem Umdenken in der Führungsebene des DTSB und der Regierunng. Können wir auch von diesem Kuchen ein Stück abbekommen? Genug Weltklasse-Athleten haben wir doch. Kurz vor Jahresende verfassen die entscheidenden Personen im DTSB ein Papier für das Zentralkomitee der SED, dem wichtigsten Gremium der DDR, mit dem zwar grundsätzlich die bisherigen Positionen beibehalten werden sollen, doch gleichzeitig wird die Öffnung für Werbeverträge vorgeschlagen, verbunden mit der lukrativen Aussicht auf devisenträchtige Gelder.

Es gibt zwar Widerspruch in den eigenen Reihen, dass mit einem Adidas-Vertrag ernsthafte Konsequenzen für die einheimischen Sportschuhproduzenten im Raum stehen, dass nämlich dann DDR-Sportler keine Einlaufschuhe mehr von GERMINA und Zeha tragen dürfen, denn einen solchen Passus hat Adidas in den Vertragsentwurf mit einfließen lassen. Es steht also die Frage im Raum - Stärkung der eigenen Wirtschaft oder Verkauf sozialistischer Moralwerte gegen Westgeld? Die Antwort wird lauten: Geld frisst Moral.

Ganz unbemerkt verlaufen diese Gespräche bei den Spezialschuhproduzenten in der DDR allerdings nicht, doch vielleicht lässt sich das alles noch irgendwie abwenden. Es wird nicht passieren! Das Treffen in Baden-Baden ebnet also den Weg, die letzten Hürden auf dem Weg zu einem großen Vertrag mit dem ungeliebten Klassenfeind und einem der Hauptkonkurrenten von Zeha aus dem Weg zu räumen. Erich Honecker selbst segnet letztendlich die Geschichte mit einem „Einverstanden“ kurz und knapp ab.

Am 26. Mai 1982 treffen sich im mittelfränkischen Herzogenaurach der Vizepräsident des DTSB Franz Rydz und der Adidas-Geschäftsführer Alfred Bente, um den Werbevertrag zu besprechen. Als wichtigste Punkte darin sind vorgesehen: Alle Sportler der DDR aus 14 Sportverbänden werden bei offiziellen internationalen Wettkämpfen ausschließlich Ausrüstungen von Adidas tragen und dafür darf Adidas mit ihnen werben. Der für erst einmal auf drei Jahre ausgelegte Vertrag soll der DDR dafür jährlich 900.000 DM, anteilig in bar und in Sportausrüstung einbringen. Am 20. Juli 1982 wird der Vertrag in der Hauptstadt der DDR Berlin unterzeichnet. Am 1. September beginnt der Vertrag, der sich bis 1989 insgesamt sechs Mal automatisch verändert. Nicht nur für Adidas ist der Vertrag also sehr positiv, denn DDR-Sportler feiern gerade in den 1980er Jahren große internationale Erfolge. Noch 1989 wurde der Adidas-Vertrag mit einer Gesamtsumme in Höhe von 2,8 Millionen D-Mark einschließlich Materiallieferungen für weitere vier Jahre verlängert. Niemand ahnte da schon das baldige Ende der DDR voraus. In Anbetracht von drei Milliarden DM Umsatz und zusätzlichen Lizenzprodukten in Höhe von einer Milliarden DM Mitte der 1980er Jahre sind die Millionen an fixen Einnahmen nahezu ein unscheinbarer Posten in der Bilanz von Adidas. Viel wichtiger für Adidas sind die unsichtbaren Einnahmen aus diesem Vertrag die über die Werbung fließen, denn bei jeder im Fernsehen übertragenen Sportveranstaltung und auf je-dem Foto mit einem siegreichen Sportler aus der DDR sind die Sportler in Adidas-Ausrüstung samt ihrem Markenzeichen zu sehen und kurbeln so den Umsatz weiter an, denn man möchte schließlich selbst auch solche Sachen tragen, die Europa- und Weltmeister oder Olympiasieger tragen.

Der Globalvertrag mit Adidas wirkt sich in erster Instanz positiv im Sport aus, von dessen Ausstrahlung der Rest der Republik nur träumen kann. Während mit dem Vertrag von 1982 die drei Streifen stets präsent sind, verschwinden die beiden Doppelstreifen auf den volkseigenen Zeha-Schuhen fast vollständig von der Bühne der öffentlichen Wahrnehmung der Bevölkerung. Produziert wird unabhängig davon trotzdem und das mit einem recht hohen Materialverbrauch. So verbraucht der VEB Spezialsportschuhe Hohenleuben allein 1981 70.000 Quadratmeter verschiedener Leder vom Känguru bis zum Kalb. Für die produzierten Spikes-Schuhe benötigen sie ca. 350.000 Spikes-Dorne. Das Gebot der Stunde in der schon klammen Republik kann nur heißen, mit den vorhandenen Materialien sorgsam und sparsam umzugehen. Schließlich ist Känguru-Leder ohne Devisen nicht zu bekommen und die Finanzen sind klamm. Schon längst ist der erste Aufschwung nach 1972

Werktätige der Spezialschuhfabrik Hohenleuben

verpufft. Die Versorgung gerade bei Sportschuhen, und nicht nur da, spitzt sich dramatisch zu. Selbst das DDR-Ministerium für Handel und Versorgung stellt 1982 eine katastrophale Situation fest und das will schon was heißen. Ist es doch gerade mal möglich, den Bedarf an Sportschuhen zu einem Drittel aus eigener Produktion decken zu können und die Perspektiven sehen nicht viel besser aus. Das „gemeine" Volk sieht die Adidas-Kleidung an den Sportlern. Sieht die Werbung für Produkte aus dem kapitalistischem Ausland an den Stadionwerbebanden. Egal ob Computer oder andere Dinge die vielen aus der Westwerbung bekannt sind. Doch immer öfter stellen sich die Menschen die frage, wo es diese Produkte zu kaufen? Jedenfalls nicht in den Läden der sozialistischen Republik. Die Fragen in der Bevölkerung werden lauter und fordernder. Da tritt ein Begriff verstärkt in den Sprachgebrauch der DDR ein – die Gestattungsproduktion.

Das Motto lautet hier: Wir gestatten euch für uns zu produzieren und ihr bekommt selbst etwas davon ab. Wir sagen euch, welche Maschinen und Rohstoffe zu verwenden sind und ihr produziert trotzdem schön billig nach euren Tarifen. Das Endprodukt verkaufen dann beide Seiten natürlich zu einem höheren Preis. Dazu dienen in der DDR die eingerichteten Delikat-Läden und die Exquisit-Geschäfte. Das gilt auch für Schuhe im sportlichen Bereich. Auserkoren hierfür wird der Standort Weißenfels. Der hat es nach dem Krieg nicht leicht gehabt, denn die Sowjetunion nahm als Reparation für die Kriegsopfer sämtliche Maschinen, die noch existierten aus dem Werk mit. Stück für Stücke richtet sich der Standort wieder auf und rund 6.000 Mitarbeiter machen den VEB „Banner des Friedens" mit seinen ganzen Niederlassungen als Teil des VEB Kombinat Schuhe zum größten Schuhproduzenten der DDR. Die ausreichende Zahl an Mitarbeitern mit relativ niedrigen Löhnen im Vergleich zu ihren westdeutschen Kollegen und die technische Ausstattung der Betriebe versprechen der BRD eine gute Qualitätsarbeit und so werden mit Unterstützung des westdeutschen Schuhherstellers Salamander Schuhmodelle als Gestattungsproduktion hergestellt. Für Salamander kein Problem, gehören sie doch schon ein paar Jahre zu den wichtigsten Firmen, die im Osten Schuhe herstellen lassen. Der große Teil davon geht zurück in den Westen und der Rest verbleibt in der DDR.

Mit viel finanziellem Aufwand versucht das DDR-Regierung eine Verbesserung der Versorgung für die Bevölkerung zu erzielen. Es werden teure Maschinen und Materialien für die eigene Produktion importiert und mit teuren Lieferverträgen für den Exquisithandel werden diese versorgt. Die aufgerufenen Preise für diese Waren sind für die meisten Einkommen in der Bevölkerung jedoch utopisch, kaum zu bezahlen und bleiben weiterhin ein

Wunschtraum. Die Gestattungsproduktion ist zwar eine Gewinnsituation für beide Seiten jedoch mit völlig unterschiedlichen Effekten und Auswirkungen. Die niedrigen Löhne im Osten und die teuren Verkaufspreise im Westen ergeben dort einen satten Gewinn. Umgekehrt gibt es ein ähnliches Ergebnis für die sozialistische Volkswirtschaft, doch gleichzeitig sehen die Menschen im Osten, was gute Produkte ausmacht und erhöhen dadurch das Verlangen nach mehr. Doch steckt der Teufel wieder im Detail. Es gibt einfach nicht genug.

Damit liegt die Hauptlast wieder bei den Betrieben der DDR. Es gilt, die eigene Produktion in die Höhe zu schrauben. Deshalb freuen sich die Firmenleitung und die Mitarbeiter der Hohenleubener Schuhfabrik, dass sie im Jahr 1983 die industrielle Warenproduktion gegenüber 1980 auf 128 Prozent steigern können. Auch die Menge an produzierten Schuhen steigert sich im gleichen Zeitraum auf rund 110 Prozent, und damit zu ihrem größten Erfolg in den letzten Jahren unter sozialistischen Wirtschaftsbedingungen. Natürlich wird das ideologisiert und medienwirksam mit einer sogenannten Wanderfahne des DDR-Ministerrates belohnt. Heute lässt sich über diese Formen der Anerkennung gern lächeln, doch in den realen Zeiten des Sozialismus in der DDR gehören solche Auszeichnungen zu den höchsten Wertschätzungen, auch wenn hinter den Kulissen manches anders aussieht und vieles für die Öffentlichkeit geschönt wird. Diese Anerkennung ist trotzdem eine große Ehre für die Werktätigen des VEB Spezialsportschuhe Hohenleuben. Die guten Zahlen, die dabei gefeiert werden, bringen in der Realität leider kaum spürbare Verbesserungen für die Bevölkerung mit sich.

Es wird weiterhin mit vielen administrativen Maßnahmen versucht, die Versorgung für die Menschen im Lande zu verbessern. Der Wille der Betriebe aus sich selbst heraus durch Innovation einen großen Schritt voran zu kommen, wird leider durch staatliche Einflussnahme immer wieder ausgehöhlt. Vielfach fehlt es an entsprechenden Maschinen oder Material. Was in der privaten Zeha-Schuhfabrik unter der Leitung von Carl Häßner Senior und Junior sowie in anderen Privatunternehmen von deren Betriebsinhabern in den ganzen Jahrzehnten vorher an Ideen und Umsetzungskraft vorhanden war und mit viel Engagement umgesetzt wurde, damit Krisensituationen und schwierige Zeiten überstanden werden, wirkt unter dem staatlichen Einfluss wie die Geschichte aus einem schlechten Märchen. Es gibt ökonomische Zwänge, denen die aktuellen Betriebsleitungen ausgeliefert sind. Sie können einfach nicht so handeln wie sie es vielleicht gern tun würden. Stattdessen haben sie umzusetzen, was ihnen vorgegeben wird.

So wie die Integration zwei weiterer Volkseigener Leder-Betriebe aus Weida und Hirschberg. Selbst vor großen Veränderungen wird nicht Halt gemacht. Da wird schon mal kurzer Hand ein Kombinatsdirektor in ein anderes Kombinat versetzt, wenn den verantwortlichen Stellen etwas nicht passt, so wie 1987, als die Schuhfabrik Hohenleuben nach unterschiedlichen Auffassungen zwischen dem Geraer Wirtschaftsrat und dem Kombinat Schuhe Weißenfels dem Kombinat Schuhe Weißenfels direkt unterstellt wird. Ob das der unbekannte Schreiber eines Schulaufsatzes im Blick hatte, als er darin sinngemäß euphorisch folgendes zur Enteignung und Verstaatlichung der Zeha-Schuhfabrik beschrieben hat?

Da wird von Initiativen der Betriebsparteiorganisation, der Gewerkschaft und des Geraer Wirtschaftsrates geschrieben, die den ideologischen Prozess zur Schaffung sozialistischer Produktionsprozesse weitergeführt haben und das im April 1972 in angeblicher Übereinstimmung mit der Betriebsleitung die Umwandlung der Fabrik Carl Häßner in den VEB Spezialsportschuh erfolgt ist. Eine verharmlosende Umschreibung für einen einschneidenden

Vorgang, den der damalige Inhaber Carl Häßner nie verwunden hat. Wohin letztlich dieser Weg führt, zeigt sich in den Jahren danach. Nicht Euphorie und Aufschwung entwickelt sich im Land, sondern Frustration und Niedergang.

Es gibt zwar immer wieder neue Ansätze bei der Schuhherstellung, doch vieles bleibt unabhängig davon trotzdem beim Alten. Bei der Produktion aktueller Schuhmodelle und der Entwicklung neuer Technologien wird jetzt mehr Augenmerk auf den Einsatz einheimischer Werkstoffe wie Gummi und textile Verbundstoffe gelegt. Trotzdem bleibt die Versorgungslage ein Problem. Freizeitsportler denen es gelungen an ein paar Zeha-Schuhe zu gelangen, vor allem aber die Sportler in den Verbänden und Leistungszentren der Kreise und Bezirke tragen ihre einmal erworbenen Schuhmodelle sowohl beim Training als auch bei Wettkämpfen bis zum Zerfall, denn niemand kann sagen, wann sie das nächste Mal ein paar neue Schuhe erhalten werden. Als ehemaliger DDR-Leichtathletik-Kampfrichter habe ich selbst bei Kreis-Spartakiaden öfter junge Sportler gesehen, die sich gegenseitig ihre Spikes ausgeliehen haben, denn ohne die konntest du auf einer Aschenbahn keinen Blumentopf gewinnen. Da war man froh, wenn man sich ein Paar für seinen eigenen Wettkampf ausleihen konnte.

Schluss, Aus, Vorbei?

Noch im Herbst 1989 hält der damalige Direktor Thomas Bergner eine Lobeshymne auf die längst schon auf dem wirtschaftlich absteigenden Ast sitzende DDR aus Anlass des 40. Jahrestages ihrer Gründung. Die Menschen sind auf der Straße und fordern gesellschaftliche Veränderungen. In der Region rund um Hohenleuben demonstrieren und protestieren die Menschen gegen den Abbau der Lederverarbeitungs- und Schuhindustrie. Ihre Lage hat sich in kurzer Zeit rasant verschlechtert und sie wollen es besser haben. Sie werden nicht erfolgreich sein. Thomas Bergner als Nachfolger seines geschassten Vorgängers selbst wird beauftragt, die eingeleitete Fusion mit dem VEB Weidaer Schuhfabrik direkt vor Ort in Weida durchzuführen. Doch dazu kommt es nicht mehr. Die Fusion wird nicht vollzogen und er wird bald die Firma abwickeln. Nach jenem historischen 9. November 1989 überrollen immer neue Ereignisse den Osten des Landes. Nicht nur Weida steht vor dem Untergang.

Das gleiche Schicksal erwartet die Sportschuhfabrik Hohenleuben und viele andere Betriebe der in Auflösung befindlichen DDR. Nach dem Fall der Mauer wird am 23. Juni 1990 der VEB Spezialsportschuhe in die Zeha Schuhfabrik Hohenleuben GmbH überführt und die Treuhand übernimmt sie. Bis 1992 kam es nochmals zu einem kurzen Aufflackern der „guten alten Zeit“, als sich die Firma Carl Häßner in der Phase der Liquidation nochmals neu erfinden wollte. Gesellschafter der GmbH werden Kurt Ortlepp und Thomas Ritter. Beide haben es irgendwie geschafft, sich aus einem sozialistischen Vorzeigebetrieb in ein kapitalistisches Unternehmen zu katapultieren. Nur für ein dauerhaftes Hinübergleiten in die neuen gesellschaftlichen Strukturen fehlen ihnen neben dem nötigen Kleingeld vor allen der westdeutsche Stallgeruch und die entsprechenden Beziehungen zu den richtigen Entscheidungsträgern der neuen Machthaber. So kommt was kommen muss – die Firma wird heruntergewirtschaftet und geht schnell in die Liquidation.

Karl Häßner, ein ehemaliger Teilhaber der privaten Zeha-Schuhfabrik stellt bei der Treuhand den Antrag auf Rückübertragung. Seine Altansprüche werden jedoch nicht berücksichtigt. Karl Häßner hat nach einem Zeitungsartikel in der OTZ vom 2. Juni 1992 übrigens ein Problem mit der Bezeichnung Alteigentümer, denn so alt seien seine Ansprüche ja nicht seit der Enteignung 1992. Der

Gerechtigkeit halber muss erwähnt werden, dass Karl Häßner nicht der Alleinerbe ist, sondern gemeinsamer Erbe mit Fritz Pöhler und Martha Häßner. Auch die Söhne des 1988 verstorbenen Günter Seidel, Johannes und Thomas, sind davon betroffen. Die Forderung der Treuhand kann Karl Häßner nicht erfüllen. Die verlangt zwischen 4 und 5 Millionen Mark für die Übernahme der angeblich bestehenden Schulden. Da es keine Einigkeit unter den gemeinsamen Erben gibt, gestaltet sich der Prozess der Rückübertragung schwierig bis unlösbar. Ob der Neubeginn bei einer möglichen Rückübertragung von Erfolg gekrönt würde, steht sicherlich in den Sternen, haben sich doch viele Dinge seit der Enteignung verändert. Karl Häßner kämpft um die Verwendung des geschützten Namen Zeha. Den guten Ruf und die lange Tradition möchte die neugegründete GmbH gern als Namensbestandteil weiterverwenden, doch der Name ist eng mit der Familie Häßner verbunden. War die Trennung eigentlich schon mit der Enteignung 1972 schmerzhaft, so fühlt sie sich jetzt erst recht falsch an.

Karl Häßner legt wiederholt Einspruch gegen die Verwendung des Namens Zeha ein und so wird der Name der Zeha-Schuhfabrik noch unter Treuhandverwaltung im März 1992 in Triburg-Schuhe umbenannt. Mit allen Tricks versuchen Treuhand und Firma bis dahin eine Regelung im beiderseitigen Einvernehmen zu boykottieren. Dann verschwindet der Name Zeha erst einmal nach 95 Jahren von der Bildfläche deutscher Firmen. Die beiden Geschäftsführer Kurt Ortlepp und Thomas Ritter bleiben auch unter dem neuen Namen in ihrer Funktion tätig. Sie versuchen die Privatisierung weiter voranzutreiben, doch überschätzen sie ihre Möglichkeiten. Es ist schon interessant, dass ausgerechnet dann die Rückübertragung angeboten wird, als Konkurs angemeldet werden soll, wie Karl Häßner im gleichen Artikel erwähnt. Wie in vielen ostdeutschen Betrieben wird auch in Hohenleuben erst einmal radikal die Anzahl der Mitarbeiter reduziert. Gerade circa 60

Beschäftigte haben noch Arbeit von den rund 200, die Ende des Jahres 1989 tagtäglich durch die Betriebspforte gegangen sind. Sie nehmen hohe Kredite auf für den Kauf neuer Maschinen, denn viele alte entsprechen einfach nicht mehr den heutigen Anforderungen. Die Kehrseite davon sind die Schulden und der weggebrochene Markt für die ehemals begehrten Schuhprodukte. Die Mitarbeiter können nur noch hoffen. In einem letzten Akt der Verzweiflung wird über stark reduzierte Betriebsverkäufe versucht, noch etwas von den vorhandenen Sportschuhen unter die Leute zu bringen. Andere Sportartikelhersteller wie Adidas und Nike haben jedoch längst den frei gewordenen Platz eingenommen, den die Zeha-Schuhe hinterlassen haben.

Zum Ende des Jahres 1992 naht das endgültige Aus. Die Verschuldung ist weiter fortgeschritten. Betriebsintern scheidet Kurt Ortlepp im Oktober aus der Firma aus, nachdem per Kaufvertrag vom 14. Oktober 1992 die Firma Triburg GmbH für 300.000 DM von der Treuhand an den bisherigen Prokuristen und jetzigen neuen Investor Thomas Ritter aus Greiz veräußert wird. Verkauft wird allerdings nur die Firma als Unternehmen, nicht jedoch das Areal mit den Gebäuden darauf. Damit verbunden ist die vollständige Aufgabe der Produktionsstätten in Hohenleuben. Damit verlieren weitere 35 Beschäftigte ihren Arbeitsplatz. Zum Jahresende 1992 wird die Schuhfabrik Hohenleuben endgültig von der Firma Triburg stillgelegt. Noch verwendungsfähige Maschinen und lediglich 15 verbliebene Arbeitsplätze werden nach Weida verlagert. Für die Gebäude beginnt der lange und langsame Weg des Verfalls, obwohl es das Gerücht gibt, dass die Treuhand das Gelände an einen neuen Investor verkaufen möchte. Die Zukunft wird zeigen, dass hier der Wunsch der Vater des Gedankens ist. Der Umzug nach Weida ist fast schon ein wenig Ironie der Geschichte und eine kleine Rückkehr an die Ursprünge der Geschichte von Zeha, auch wenn Triburg mit Zeha nichts mehr gemeinsam hat. Was aber Triburg hat, sind zu diesem Zeitpunkt fast 6 Millionen DM Schulden.

Auch die dem VEB Sportschuhbetrieb Hohenleuben vor nicht allzu langer Zeit angeschlossene Schuhfabrik in Weida befindet sich seit dem Jahresanfang 1993 in Liquidation. Auch hier will die Treuhand angeblich die Privatisierung fortsetzen. Der Kahlschlag wird angesetzt. Lediglich 5 von ehemals 50 Beschäftigten sind noch im Betrieb. Tragfähige Konzepte für die Weiterführung seitens von Triburg oder anderer Interessenten sind aktuell auch nicht erkennbar. Überhaupt schlägt der Untergang der Hohenleubener Sportschuhfabrik bei allen angeschlossenen und integrierten Betrieben durch. Der verzweifelte Versuch der Privatisierung durch Umwandlung in eine GmbH scheitert bei den meisten Betrieben. Übrig bleiben Schulden, entlassene Mitarbeiter und leere Produktionsgebäude.

Auf dem Gelände der ehemaligen Sportschuhfabrik herrscht seit Jahresanfang 1993 jetzt Ruhe. Die brachliegenden Gebäude in Verwaltung der Treuhand möchte diese natürlich so schnell wie möglich loswerden. Doch wer kauft schon in einer Region weit weg von einer größeren Metropole ein ehemaliges Firmengelände. Da gibt es für die vielen expansionswilligen Firmen der alten Bundesrepublik durchaus bessere und lukrativere Angebote bei der Treuhand zu kaufen. Trotzdem bieten sie sämtliche Teile, also Gebäude und Flächen, in der Süddeutschen Zeitung für eine Mindestgebotssumme von 2,7 Millionen DM zum Verkauf an.

Die Jahre vergehen und außer ein paar unausgereiften Ideen tut sich nichts in Hohenleuben. 1997 gehören die Immobilien immer noch offiziell der Treuhand, die sie jetzt an die Niederlassung Thü-ringen der neugegründeten Treuhand-Liegenschafts-Gesellschaft (TLG) übertragen hat. Diese versucht noch im selben Jahr die vorhandenen Räumlichkeiten mit über 1.000 Quadratmetern als Büro- und Schulungsräume zu vermieten. Im Jahr 2000 wird sogar das Thüringische Landesamt für Denkmalpflege und Archäologie (TLDA) aktiv und erstellt eine umfassende Bestandsaufnahme samt Dokumentation über das ehemalige Objekt der Schuhfabrik Hohenleuben. Das Objekt Produktionsgebäude scheint das Wohlwollen des Landesamtes zu finden, denn es wird unter Denkmalschutz gestellt.

Das leerstehende Zeha-Werk in Hohenleuben-Reichenfels

Fünf Jahre nach der Übertragung an die TLG in Thüringen ist der Versuch der Vermietung der Hohenleubener Objekte immer noch erfolglos, weswegen eine weitere Variante ins Spiel gebracht wird: Eine Versteigerung. Es findet sich kein Käufer für das Objekt bei anderen Unternehmen und es bleibt weiter im Verfallmodus. Die Stadt Hohenleuben erwirbt das Gelände im Jahr 2009 für 500 DM zum Zwecke der Einflussnahme, um bei einer eventuellen späteren Nachnutzung, die nicht im Sinne der Stadt wäre, eingreifen zu können. Hauptgrund ist allerdings der Umstand, dass sich auf dem Gelände ein Energie-Trafohaus und eine Löschwasserzisterne für Hohenleuben-Reichenfels befindet. Ansonsten hat die Stadt

Hohenleuben genug andere leerstehende Gebäude um die sie sich kümmern muss. Gibt es keine Lösung, so steht ein Abriss im Raum oder ein Rückbau ist zu befürchten. Leider findet sich bis Ende 2013 niemand, der etwas daraus machen möchte, bis Thomas Nagel und Annett Prager aus Wünschendorf 2014 mit ihrer Firma neue Eigentümer werden, um dort mit Spezialmaschinen Garne und Textilhülsen aufzuarbeiten.

In den Jahren hat sich nicht nur der Zustand mancher Gebäude verändert, sondern auch der Inhalt vieler Gesetze. Was nach dem Krieg in der sowjetischen Besatzungszone kein Problem war, nämlich eine neue Fabrik auf ein freies Stück Land zu setzen, ist nach bundesdeutschen Gesetzen nicht mehr möglich, wenn es sich um den Außenbereich einer Kommune handelt und genau das trifft auf die alte Schuhfabrik in Hohenleuben-Reichenfels zu. So bleiben Sanierungsarbeiten im Ansatz stecken, auch weil es Bedenken gibt, ob die beiden Inhaber das alles stemmen können. Inzwischen ist Thomas Nagel verstorben und eine weitere Nutzung liegt auf Eis. Wie sehr der Verfall schmerzt, zeigt sich während der Aufnahmen für eine Reportage durch den MDR. Von der verbliebenen Miteigentümerin Annett Czech, geborene Prager, erhielt das Aufnahmeteam und ein ehemaliger Mitarbeiter des Werkes Zugang zur Schuhfabrik. Dieser beschreibt seinen Eindruck mit dem Wort „grauslich“. Der Maschinensaal hat kein Dach mehr. Andere Räume sind mit allem möglichen Dingen voll gestellt und überall liegen alte Rechnungen und Dokumente auf dem Boden zerstreut umher.

Aus Alt mach Neu!
Die Wiederentdeckung

Mit dem Mauerfall und der folgenden Vereinigung von Ost- und Westdeutschland unter den neuen Marktbedingungen haben die

Alteigentümer keine Chance, ihre ehemalige Firma zu neuem Leben zu erwecken. Große Beliebtheit und ein hoher Bekanntheitsgrad reichen in einer Gesellschaft des Kapitals nicht aus für eine erfolgreiche Privatisierung. So verschwindet die Marke Zeha innerhalb weniger Jahre von der sportlichen Bildfläche und aus den Köpfen der Menschen.
Tatsächlich?
Es gibt da einen, dem solche Gedanken an das Vergessen aktuell nicht eigen sind, der sich aber in nicht allzu langer Zukunft mehr Gedanken darum machen wird, etwas gegen dieses Vergessen zu tun!

So richtig stimmt ein Artikel des New Yorker Wirtschaftsmagazins Bloomberg Businessweek nicht, der über Alexander Barrè berichtet. Dort heißt es im Untertitel, er sei der Mann, der Ostdeutschlands Antwort auf Adidas und Puma wiederbelebt habe. Wer sich die Gründungsdaten dieser Firmen genauer ansieht wird feststellen, dass Zeha 1897 gegründet wird, während der offizielle Name Adidas erst im Jahr 1949 das Licht der Welt erblickt. Er ist aus dem 1935 gegründeten Betrieb Sportschuhfabrik Gebrüder Dassler hervorgegangen, nachdem sich die Dassler-Brüder als gemeinsame Inhaber zerstritten und die neuen Firmen Puma und Adidas entstanden. Ehrlicherweise muss gesagt werden, dass Zeha nicht von Beginn an ein Sportschuhproduzent gewesen ist, doch beginnt die Produktion von Sportschuhen innerhalb der Zeha-Schuhfabrik bereits vor Adidas und der Name Zeha ist schon auf dem Markt.

Alexander Barrè ist ein richtiges ostdeutsches Kind. In Berlin-Friedrichshagen wächst er nahe der Bölschestraße auf. Seine Schule, welche er bis zur zehnten Klasse besucht, ist die Ho Chi Minh-Schule. Nach der zehnten Klasse beginnt er eine Berufsausbildung im Transformatorenwerk Karl Liebknecht in Berlin-Schöneweide, in dem er eine Lehre mit Abitur zum Maschinen-

und Anlagenmonteur macht. Seinen Facharbeiter schließt er im Mai 1989 ab. Noch im Jahr der Grenzöffnung stellt Alexander Barrè einen Ausreiseantrag, nicht wissend, dass am Jahresende für alle eine neue Zeit beginnt. Dabei will er nur so schnell wie möglich aus dem Armeedienst entlassen werden, was sich für ihn auch recht schnell erledigt. Er beginnt kurz danach ein Studium zum Maschinenbauingenieur, doch die entsprechende Ausdauer um darin auf Dauer seine Erfüllung zu finden, ist wohl nicht in ausreichendem Maße vorhanden. Es reizt ihn nicht wirklich. Er möchte selbst etwas in die eigenen Hände nehmen.

Alexander Barrè wird zu Beginn selbständiger Messebauer, bevor er einige andere Jobs in Angriff nimmt und ihm die Zeha-Schuhe

Alexander Barrè

in die Hände fallen. Solche Schuhe hat er immer in seinen Sportsachen herumgetragen. Außer der Erinnerung an seine Sportkleidung sind keine weiteren Gedanken an die Sportschuhe aus Hohenleuben vorhanden. Dass sie aus Thüringen stammen ist dem Berliner Kind erst einmal völlig egal.

Der Zufall hilft im Jahr 1993. Der im Osten Berlins geborene Alexander Barrè besucht einen Freund, der ihm ein paar sehr bekannte Schuhe zeigt. Was er bei ihm sieht, lässt Erinnerungen empor kriechen. Er sieht die Schuhe mit den bekannten zwei Doppelstreifen auf der Schaftseite. „Das ist doch tatsächlich ein alter Zeha-Schuh aus DDR-Zeiten", sagte Alexander Barré und greift sich an die Stirn. Er spielte Fußball im Verein, und das natürlich in Zeha-Schuhen, allerdings nur bei besonderen Spielen, denn "Vor den Spielen werden sie ausgeteilt und danach wieder eingesammelt", erzählt Alexander Barrè. Wie sich die Mangelwirtschaft auch in der Schuhproduktion zeigt, ist schon erläutert worden. Neben sofortigen Gedanken an seine sportliche Jugendzeit steigt eine Idee in seinen Kopf, denn das Zeha-Label lässt ihn nicht mehr los. Ein Verlangen entsteht. Ein Verlangen sich gegen das Vergessen zu stellen, damit der Name Zeha weiterleben kann. Alexander Barrè würde gern mit dieser Wiederentdeckung etwas perspektivisch sinnvolles anstellen. Aus einer Idee entwickeln sich Schritt für Schritt erste Gedanken und erste Pläne.

Der studierte Maschinenbauingenieur fängt an nach Spuren zu suchen und so kommt eines zum anderen. Er recherchiert und telefoniert, liest sich in die Geschichte von Zeha und das alte Schuhhandwerk ein. Über verschiedene Wege findet er einen Experten in Pirmasens, der bereits bei den Dassler-Brüdern und ihren Unternehmen Adidas und Puma als Leistenmacher gearbeitet hat. Sie kommen in Kontakt zueinander und am Vorbild eines alten Zeha-Schuhes designt er Alexander Barrè und Torsten Heine einen entsprechenden Schuh-Leisten. Neben dem Leisten gibt es für die beiden noch zwei kluge Sprüche mit auf dem Weg;
Zum einen wüssten sie nicht, was sie tun und genau deshalb hätten sie diese Idee.

Und zum anderen haben sie genau dann ein Problem, wenn ihnen jemand sagt, dass alles kein Problem sei.

Erstere Lebensweisheit trifft wahrscheinlich auf viele im Leben getroffene Entscheidungen zu, denn wenn jeder schon immer im Vorfeld weiß, was ihn an Schwierigkeiten erwartet, dann würde der erste Schritt wohl nie getan werden. Es ist also gut, nicht schon immer alles vorher zu wissen. Die zweite Weisheit kann durchaus jeder für sich selbst verwenden, denn das lässt ihn schon gleich am Beginn einer Entscheidung intensiver über die eigenen Absichten nachdenken. Es sind also zwei gute Ratschläge, die Alexander Barrè erhält.

Ein erster Schritt ist getan. Es wird weiter recherchiert, gesucht und telefoniert. Er sucht mit Torsten Heine, seinem Partner aus der Anfangszeit, nach möglichen Ansätzen in der Vergangenheit und sie begeben sich auf Spurensuche. So erfährt er über mehrere Ecken und Anläufe in Weißenfels und Weida, dass sich die von ihm gesuchte Produktionsstätte der Zeha-Schuhfabrik in Hohenleuben befindet. Der Blick ins Telefonbuch unter Weida führt ihn in die Stadtverwaltung Weida und dort hat er, wie der Zufall so spielt, gleich eine ehemalige Zeha-Mitarbeiterin am Hörer. Seine weitere Beharrlichkeit führt zum Kontakt zur damaligen Museumsleiterin Sigrun Voigt und von da weiter zu Johannes Seidel, einem Enkel von Carl Häßner. Sie sind behilflich und können ihm weiterhelfen.

Noch 2001 macht sich Alexander Barrè zusammen mit Torsten Heine und lediglich mit einem Schuhlexikon ausgestattet auf den Weg zur alten Schuhfabrik und zum Museum in Hohenleuben-Reichenfels. Das alte Betriebsgelände birgt nach den vielen Jahren des Leerstandes keine brauchbaren Schätze. Viele Bereiche der vorhandenen Bauten weisen schon große Zerstörungen auf. Wenn es hier was zu holen gegeben hat, dann ist es spätestens mit den letzten Nutzern verschwunden. Sie suchen in der längst stillgelegten Schuhfabrik und stöbern in allen möglichen Ecken. Sie finden nichts brauchbares für ihr Vorhaben. Der Besuch des Museum Reichenfels dagegen bringt den Durchbruch. Die Neugier von

Alexander Barrè entdeckt im Museum Reichenfels die alten Zeha-Modelle

Alexander Barrè soviel wie möglich zu entdecken führen ihn zu den verborgenen Schätzen. Er stößt dort auf Inventar aus vergangenen Zeiten.

Gut verstaut finden er und Torsten Heine unter dem Dach die noch erhaltenen Überbleibsel der Zeha-Schuhfabrik - Schuhe für alle möglichen Sportarten - originale Zeha-Kollektionen aus den 50er und 60er Jahren. Leisten, Lederschäfte und Produkt-Kataloge. Auch Hinweise über die Herstellungsverfahren und die eingesetzten Werkstoffe finden sie. Für angehende Schuhproduzenten ein unbezahlbarer Fundus wahrer Schätze. Ausgerüstet mit diesen Entdeckungen und einer gehörigen Portion neuen Mutes macht sich Alexander Barré an die Umsetzung seiner Idee: Die Wiederbelebung des Namen Zeha. Er hängt seinen zu dieser Zeit ausgeübten Job als Unternehmensberater schließlich an den Nagel und gründet gemeinsam mit Torsten Heine 2001 das Unternehmen Zeha-Berlin. Sein Hauptanliegen ist die Verschmelzung der Vergangenheit mit der Moderne unter dem bekannten Namen Zeha. Von Schuhen hat er bis dahin von „Nicht Viel“ bis „Keine Ahnung“, als er ins Schuhgeschäft einsteigt. „Ich wusste nur: irgendwas mit Leisten“, erzählt er. Das war immerhin schon mal ein Ansatz.

Alte Zeha-Schuhmodelle auf dem Dachboden des Museum Reichenfels

Wollen Alexander Barrè und Torsten Heine den Namen Zeha weiterführen, müssen sie einen ganz wichtigen und entscheidenden Schritt gehen. Man geht nicht einfach los, sucht sich einen Namen und nennt sein Ergebnis dann so. Es gibt heute einfach zu viele Fallstricke. Zwei davon sind das Namensrecht und das Markenrecht. Ersteres ist durch das Bürgerliche Gesetzbuch (BGB) geregeltt. Vom Grundsatz her regeln beide nicht nur das Recht an einem Namen, sondern auch das Recht, welches sich für den Namens- oder Markeninhaber ergibt. Das erste Namensrecht existierte bereits im alten Römischen Bereich und bezog sich auf das Recht, einen Vornamen und Namen wählen zu dürfen.

Ähnlich verhält es sich mit dem Namen Zeha. Die Marke Zeha ist schon vor vielen Jahrzehnten patentrechtlich als geschützter Name beim Deutschen Patent- und Markennamen eingetragen und ruht seit 1992. Zurück in Berlin beginnen weitere Nachforschungen. Es folgt eine Nachfrage beim Patentamt nach den Markenrechten und er erfährt, dass diese verfügbar sind. Das ist der zweite Zufall dieser Geschichte. Alexander Barré überweist die nötigen Gelder an das Patentamt und sichert sich so erst einmal die Rechte an der Marke Zeha für zehn Jahre. Das ist der Beginn für das Wiederbeleben der Marke Zeha. Als sie alle notwendigen Vorarbeiten von der Finanzierung bis zum Erwerb der Namensrechte erledigt haben, gründet Alexander Barré zusammen mit seinem Geschäftspartner das Unternehmen Zeha-Berlin.

Nun steht für die Traditionsmarke Zeha ein neues Zeitalter bevor. Nach dem freien Unternehmertum von Carl Häßner Senior, der sozialistischen Volkswirtschaft von Carl Häßner Junior und seiner Nachfolger sind sie nun in der freien Marktwirtschaft angekommen. Die beiden übernehmen im Jahr 2002 die Marke Zeha mit der Verpflichtung und dem Recht, Schuhe unter diesem Namen zu produzieren und zu verkaufen. Als Ergänzung zum Markennamen Zeha folgt noch der Zusatz Berlin und die gegründete Zeha-Berlin AG bietet jetzt wieder Schuhe mit diesem Namen an. Damit wird der Traum von Alexander Barrè Wirklichkeit, den Schuhen mit den beiden Doppelstreifen ein Comeback zu bescheren.

Bevor die ersten Schuhe allerdings den Markt erreichen, sind noch eine Menge Arbeiten zu erledigen. Neben dem Mut für diesen Neuanfang sind Ideen für die neuen Modelle gefragt, Hersteller zu finden, welche die Schuhe produzieren können, Vertriebswege zu organisieren oder notwendige Arbeitsabläufe zu organisieren. Das alles verlangt personelle Kapazitäten und viele kreative Ideen. Freunde sind gerade jetzt sehr willkommen, gute Begleiter und Unterstützer auf diesem Weg. Die Zeit ist jedoch kompliziert.

Es ist das Jahr 2002. In vielen Ländern Europas nimmt man Abschied von den eigenen Landeswährungen und muss sich mit dem neuen Euro anfreunden. Mit dem Geldwechsel steigen gleichzeitig die Preise bei vielen Produkten. Im Osten ist darüber hinaus „dank“ der politischen Entscheidungen und der Arbeit der Treuhandanstalt jeder Dritte arbeitslos. Die meisten Ostprodukte sind vom Markt verschwunden und durch Produkte aus dem Westen ersetzt worden. In dieser Zeit hat niemand mehr ein Interesse an Dingen, die auch nur im Entferntesten an die alte DDR erinnern. Wer will da schon Schuhe aus dem Osten tragen, auch wenn sie den Namen Zeha tragen? Schließlich kamen ja in den etwas über vierzig vergangenen Jahren die meisten DDR-Bürger gar nicht an die Schuhe mit dem Namen Zeha heran. Weswegen sollten sie also ausgerechnet jetzt Zeha-Schuhe kaufen? Der Anfang steht deshalb erst einmal unter keinem guten Stern, doch der Wille ist ungebrochen. Doch noch etwas anderes drückt den Anfangsoptimismus.

Wer noch nie etwas mit einer Schuhherstellung zu tun hatte oder eine kleine Fabrik dafür besitzt, für den scheint das Ziel schon vor dem Start erreicht zu sein oder er begibt sich auf die Suche nach geeigneten Produzenten, die auf dem Markt zur Verfügung stehen. Tatsächlich erweist sich diese Suche als schwierig, soll das Endprodukt doch den angestrebten hohen Qualitätsstandart erfüllen. Wenn der Name „Made in Germany“ zeitlich und vom Namensinhalt schon einiges von seinem Glanz im eigenen Land eingebüßt hat, so hat er in der Welt immer noch einen guten Ruf, und an den wollen die Firmengründer anknüpfen. Bis die Schuhe ihre glückliche dritte Geburt in Portugal erleben, haben sie schon zwei

Fehlgeburten hinter sich. Im Nachbarland Slowakei finden sie eine Firma mit freien Kapazitäten und dem entsprechenden und gewünschten Knowhow. Mit den zu Beginn erzielten Umsätzen reichen die hergestellten Schuhpaare aus, doch die Zeiten ändern sich nach anfänglicher Flaute und die Umsatzzahlen steigen. Mit diesem Quantitätssprung kann das Unternehmen auf Dauer nicht mehr mithalten und Alexander Barrè begibt sich erneut auf die Suche nach einem neuen Produzenten.

Er wechselt bei der Suche die Himmelsrichtung und wird im Süden Europas fündig. Italien lautet das neue avisierte Herstellerland. Das eigentlich als Modeland bekannte Italien kämpft mit fortschreitender Zeit mit der Zuverlässigkeit. Die Schuhe und ihre Produzenten haben so ihre Probleme, um den Anforderungen der Firmengründer zu entsprechen. Daher geht die Suche nach einem Produzenten, der die Erwartungen erfüllen, kann weiter in eine neue Runde. Fündig wird er diesmal im äußersten Südwesten Europas. Portugal heißt das neue Reiseziel, wenn es um Fragen zu neuen Modellen oder Produktionsproblemen geht. Dort hin macht sich Alexander Barré als in der Zwischenzeit gereifter Schuhexperte auf den Weg, um die aus feinem Leder und mit sauberen Nähten in Handarbeit hergestellten Schuhe persönlich in Augenschein zu nehmen. Bis es mit Portugal soweit ist dauert es etwas. Mit aller Kraft stürzen sich Geschäftsführung und Mitarbeiter an den Herstellungsprozess für ihre ersten Schuhe.

Im Kopf haben die Chefs und Mitarbeiter immer die alten Modelle von Zeha als geistige Vorlage. Daraus entwickeln sie komplett neue Schuhe. Keine Sportschuhe, sondern sehr leichte Straßenschuhe aus hochwertigen Materialien und guter Dämpfung. Jede Modellvariante bekommt in Anlehnung an eine Sportart oder einen Sportler einen eigenen Namen. Ihre Begeisterung lässt Alexander Barrè und Torsten Heine davon träumen, von allen ihn bekannten alten Zeha-Modellen eine Neuauflage zu schaffen, doch dafür fehlen ihnen noch die Voraussetzungen. So rücken sie von dieser Idee erst einmal ab und entscheiden sich lieber dafür, Schuhe für die Modelle Laufschuh, Trainingsschuh und Handballschuh zu kreieren. Kein ganzes Jahr später können zu Weihnachten 2003 die ersten hergestellten Schuhe in Anlehnung an die Sportschuhe aus den 1960er und 1970er Jahren und unterschiedlichen Ausführungen mit dem Zeha-Berlin-Logo zum Verkauf gebracht werden.

Für Alexander Barrè gibt es genauso wie beim Schreiber dieser Zeilen eine Zufallsbegegnung mit Antje Thiel, der Ururenkelin vom Firmengründer Carl Häßner, nur wesentlich früher. Antje Thiel beschäftigt sich schon lange mit der Geschichte ihrer Familie und der Fabrik ihres Ururgroßvaters. Vor allem die Zeit der Enteignung und die späteren Aktivitäten der Treuhand in der Phase der Wiedervereinigung haben es ihr angetan. Ihre letzten Verwandten die noch mit der Zeha-Schuhfabrik zu tun hatten, sind ihr Opa Fritz Pöhler und Oma Ilse Marie, geb. Häßner. Fritz Pöhler war ja kaufmännischer Direktor und Teilhaber der Zeha-Schuhfabrik. Er wohnte mit seiner Frau nach dem Tod seines Schwiegervaters Carl Häßner in unmittelbarer Nähe der Hohenleubener Schuhfabrik. Deshalb ist es verständlich, dass sich Antje Thiel für seine Geschichte und die der Firmenenteignung interessiert. Zu dem Zeitpunkt, als Antje Thiel über das Internet von der Übernahme der Namensrechte durch Alexander Barrè und Torsten Heine erfährt und dort bereits die ersten Zeha-Berlin-Modelle zum Verkauf bereitstehen, spürt sie neue Energie und möchte mit ihrem Mann so schnell wie möglich in Kontakt mit den beiden kommen. Ihre Hohenleubener Großeltern erleben das leider nicht mehr.

Antje Thiel gefällt die Absicht der beiden Unternehmensgründer, den Namen Zeha wieder auf den Markt zu bringen. 2003 ist es soweit für sie. Antje Thiel hat in Berlin-Friedrichshain in den 1980er Jahren ihr Abitur gemacht und ein Klassentreffen zum 15-

jährigen Jubiläum steht in der Hauptstadt an. Ihr Mann Marco begleitet sie zum Klassentreffen nach Berlin, wo sie ihren Aufenthalt mit dem Besuch eines eigens von Zeha-Berlin eingerichteten Verkaufsraumes verbinden. Im Laden in der Heinrich-Roller-Straße in Berlin-Friedrichshain treffen die beiden auf Alexander Barrè und seinen Sohn Luis sowie Torsten Heine. Auf beiden Seiten herrscht Freude über diese Begegnung, aus der sich eine lebendige Beziehung entwickelt. Die Unternehmensgründer freuen sich darüber, einen Nachfahren des Firmengründers kennenzulernen, während deren Freude darin besteht, dass der Name Zeha wieder zu neuem Leben erwacht.

Antje Thiel und Alexander Barrè mit einem neuen Modell von Zeha-Berlin

Für Alexander Barrè bringen die Erinnerungen an die Zeha-Schuhe und die Begegnung mit Antje Thiel seine eigene Vergangenheit wieder ans Tageslicht. Er begreift sich gewissermaßen als Helfer, der einen Teil davon in die neue Gegenwart retten möchte. Dass Gegenstände des Alltages in der Zeit vor der großen gesellschaftlichen Wende häufig eine längere Lebensdauer hatten als in der sogenannten Wegwerfgesellschaft des anderen deutschen Staates, wird auch zu seiner Maxime. Er möchte mit seinen Schuhen etwas herstellen, das seiner Erinnerung sehr nahekommt. Seine Schuhe sollen modernen optischen Ansprüchen entsprechen, in ihrem Aussehen an die alten Zeha-Schuhe erinnern und so ganz nebenbei auch noch den jeweiligen Zeitgeschmack abbilden. Sie sollen für den Besitzer bequem zu tragen sein. Und selbstverständlich sollen sie keine Eintagesschuhe sein, sondern sie sollen so lang wie möglich seinen Träger erfreuen. Das sind eine ganze Menge an Anforderungen, welche die Schuhe von Alexander Barrè erfüllen sollen.

Eine beliebte Vorlage für neue Entwürfe von Zeha-Berlin sind vor allem die alten Fußballschuhe von Zeha. Da spielen womöglich die Erinnerungen von Alexander Barrè an seine eigene Kindheit eine Rolle, als er im Verein in Zeha-Schuhen Fußball spielt. Mit diesen spielte nicht nur er als Kind, sondern es sind ja auch verschiedene DDR-Oberligamannschaften und Nationalmannschaften damit ausgerüstet worden. Auch die DDR-Fußballnationalmannschaft hat diese Schuhe viele Jahre getragen. Nach den Adidas-Verträgen zwar nicht mehr unbedingt in den Wettkampfspielen, bei Siegerehrungen aber schon, wie bei der Olympiade 1986 in Calgary auf Fotos zu sehen ist. Jürgen Sparwasser hingegen trifft bei seinem legendären Tor im Dress der DDR gegen die BRD zur Fußball-Weltmeisterschaft 1974 in Adidas-Schuhen zum Eins zu Null Sieg. Das sind alles Geschichten, welche Alexander Barrè bei seinen Gedanken für neue Schuh-Modelle durch den Kopf gehen. Zwölf Jahre später, aus Anlass der Fußball-Weltmeisterschaft 2006 in Deutschland bringt Zeha-Berlin die Modelle Liga und Club in Erinnerung an den Gründer der Zeha-Schuhfabrik Carl Häßner als Schuh-Kollektion im Retro-Style der 50er Jahre unter seinem Namen auf den Markt. Den Entwurf für den Sneaker gestaltet Alexander Barrè mit keinem geringeren als Jürgen Sparwasser, dem Torschützen des Siegtreffers der DDR gegen die BRD während der Fußball-Weltmeisterschaft 1974 in der BRD.

Manchmal reichen Schuhe allein für einen ertragreichen Unterhalt einer Firma nicht aus und man muss sich überlegen, was getan werden kann, um ein Unternehmen weiterhin durch das wirtschaftliche Fahrwasser führen zu können. Es entsteht die Idee, die Produktionspalette zu erweitern. Die Vorbereitungen beginnen anzulaufen und im Jahr 2007 wird neben der Herstellung von sportlichen Modellen auch eine klassische Schuhlinie ins Leben gerufen, die Urban Classics. Darüber hinaus begibt sich Zeha-Berlin noch auf ein weiteres Produktionsfeld.

Von nun an gehören hochwertige Taschen, Gürtel und Lederaccessoires im außergewöhnlichen Design genauso wie passende

Schuhe aus der Modell-Serie „Carl Häßner Liga“ und Ledergürtel von Zeha-Berlin

Socken für die farbenfrohen Schuhe zu ihrem Sortiment, die neben Portugal auch in Italien hergestellt werden. Am Hauptstandort in Berlin werden Gedanken darüber angestellt, wie das erweiterte Angebot repräsentativ den Kunden nähergebracht werden kann. Schließlich kauft das Auge mit ein und da muss es schon mit Reizen angezogen werden. Bis zur ersten Eröffnung ihrer nach verschiedenen Sportarten konzipierten Verkaufstores im Jahr 2009 entstehen die passenden individuellen Konzepte für sie, welche neben den Sportarten auch an zeitliche Besonderheiten erinnern. Natürlich dürfen als schmückendes Beiwerk alte Zeha-Schuhe oder Fotos mit Sportlern in Zeha-Schuhen nicht fehlen.

Bis zum Schreiben dieser Zeilen existieren drei Ladengeschäfte in Berlin. Möbel aus zweiter Hand und selbstgebaute Regale nehmen die zu verkaufenden Schuhe und Accessoires auf. Alte Sportgeräte

Blick in den Zeha-Verkaufs-Store im Prenzlauer Berg Berlin

wie ein Seitpferd aus dem Sportunterricht neben alten Tennisschlägern oder schweren Medizinbällen ergänzen die Räume. Überall stehen, hängen und liegen Schuhe, Taschen oder Gürtel und warten auf ihren Kauf. Man fühlt sich fast schon heimisch ihn den Räumen und das entspricht der Firmenphilosophie von Zeha-

Berlin. Der Kunde soll sich wohl fühlen und sein Besuch ihm länger in Erinnerung bleiben, als sich nur im Internet mit einer Maus durch einen Online-Shop zu bewegen. Nichts gegen Online-Shops. Sie gehören heute zum guten Ton eines jeden erfolgreichen Unternehmens. Im Jahr 2011 stellt das Unternehmen deshalb seinen eigenen Shop mit seiner gesamten Produktpalette ins Netz.

Ob Zeha-Berlin mit dieser positiv erscheinenden Entwicklung alle Klippen einer kompletten Firmenneugründung umschifft hat, zeigt sich erst in einigen Jahren. In diesem Fall sind es mehr als zehn Jahre. Was in einer Ehe manchmal als das verflixte 7. Jahr bezeichnet wird, ist bei Zeha-Berlin und seinen beiden Inhabern Alexander Barrè und Torsten Heine das verflixte 11. Jahr. In diesen 11 Jahren haben beide alle Höhen und Tiefen gemeinsam bewältigt. Doch wie in der Ehe ist jeder Tag ein neues Aneinanderreiben. Unterschiedliche Interessen oder Ziele kollidieren mit der Meinung des anderen und können Spannungen zum Vorschein bringen. So auch bei Alexander Barrè und Torsten Heine?

Manchmal kann es auch einfach nur am schnöden Mammon liegen, wenn der Wille etwas Großes schaffen zu wollen, die vorhandenen Möglichkeiten bei weitem übersteigt. Und an großen Ideen hat es ja in den letzten Jahren nicht gemangelt. Der 1. März 2013 wird deshalb zu einem folgenreichen Tag für das Unternehmen, denn an ihm wird über das Vermögen von Zeha-Berlin das Insolvenzverfahren eröffnet. In dessen Ergebnis scheidet der bisherige Mitinhaber Torsten Heine aus der Firma aus und Alexander Barré avanciert zum alleinigen Geschäftsführer. Im Zuge der Insolvenz und der Neuausrichtung der Geschäftsführung heißt das neue Unternehmen von nun an Zeha-Berlin Schuh Design GmbH & Co KG.

Wieder heißt das, sich neue Gedanken zu machen, wie es weitergehen soll. Bleibt man bei der bisher eigentlich erfolgreichen Strategie oder geht man einen neuen Weg? Die Entscheidung fällt relativ leicht. Warum sollte etwas verändert werden wenn es sich bewährt hat und nichts Gravierendes dagegen spricht? Also werden neue Modelle auf den Markt gebracht. 2015 ist es der Schuh mit dem Namen Libero in der Carl Häßner Kollektion. Ein Jahr später der Schuh Trainer, der auf den alten Zeha-Modellen der Trainings-und Spezialschuhe aus den sechziger Jahren basiert. Jedes brandneue Modell der Carl Häßner Kollektion mit seinem unverwechselbaren Aussehen und den fast unendlichen Farbvariationen hat das Zeug dazu, als Hingucker auf der Straße getragen zu werden. Egal, ob als High Top Sneaker oder Halbschuh.

Alexander Barrè und sein Team machen sich immer wieder neue Gedanken. In den Mittelpunkt der Überlegungen geraten dieses Mal neue Materialien und Designs. Selbst über neue Schnitte wird nachgedacht. Das Ergebnis sind im Jahr 2019 Modelle, die sich vom Namen ganz klar an Fußballfans richten. Bei Schuhen mit den Namen Finalist, WM66 und Liverpool ergibt sich diese Assoziation ganz von allein. Warum im Jahr 2019 ein Modell ausgerechnet den Namen Liverpool trägt, verrät ein Blick in die Fußballhistorie. Es ist der 1. Juni in diesem Jahr. In Madrid findet das Endspiel der Fußball-Champions-League zwischen dem Liverpooler FC und den Tottenham Hotspurs aus England statt, das mit einem Zwei zu Null für die Reds aus Liverpool ausgeht. Wahrscheinlich spielt die Fußballbegeisterung einer Person eine große Rolle bei der Namensfindung und was liegt also näher, einer neuen Schuhkollektion den Namen Liverpool zu geben.

Geschichte kann interessant und kurios zugleich sein. Nicht nur was Zeha Hohneleuben und Zeha Berlin betrifft. An dieser Stelle noch einmal ein kurzer Blick ein paar Jahre zurück. Karl Häßner, der Sohn Carl Häßners und Teilhaber des ehemaligen Privatunternehmens Zeha, hat sich in einem Schreiben vom 2. Mai 2011 an einen Herrn Trebge zu seiner Zeha-Geschichte geäußert. Dabei kommt er auch auf das Unternehmen Zeha-Berlin zu sprechen. Es sei vorab an dieser Stelle noch einmal an folgendes erinnert: 1972 wird die Firma zwangsenteignet. Alle Firmenteilhaber verlieren ihr Unternehmen und ihre ganzen Patentrechte. Ein schwerer Schlag für ein seit 1897 existierendes Unternehmen. Man fügt sich mehr oder weniger den neuen Bedingungen, kann es im inneren jedoch nie verwinden. Dann wird Karl Häßner nach der Wiedervereinigung, einem der betroffenen Firmenmitinhaber und Alt-Anspruchsberechtigtem, die Rückübertragung mit unrealisierbaren Vorgaben verweigert. Er muss mit ansehen, wie das Lebenswerk seiner Familie unter den neuen marktwirtschaftlichen Rahmenbedingungen ruiniert wird. Und nun kommt jemand nach vielen Jahren daher und erwirbt die Rechte am Namen Zeha. Dem Namen, der an den Großvater von Karl Häßner erinnert. Diesen Schmerz kann Karl Häßner wohl nicht ertragen, denn er beschreibt das junge Unternehmen als „eine raffinierte Personengruppe, die frank und frei sich alles unterjubeln, was mit Zeha zu Geld zu machen ist“. Hier schreit förmlich die Wut aus jedem Wort heraus. Doch ist das mit dem Abstand von ein paar Jahren zu diesem Brief betrachtet wirklich so?

Was wäre ohne Zeha-Berlin passiert? Der Name wäre wirklich für immer und ewig aus den Schuhschäften dieser Welt verschwunden. Doch so ist er immer noch da und wird an Füßen durch die Welt getragen. Okay, wenn vielleicht nicht auf der ganzen Welt, so doch auf jeden Fall in Berlin und die Geschichte des Namen Zeha bleibt nicht nur an einigen in Museen ausgestellten alten Schuhen mit den Doppelstreifen lebendig. Die Verkaufsräume von Zeha-Berlin sind ja jeder für sich nach verschiedenen Sportarten gestaltet und erzählen mit historischen Fotos und Exponaten eigene Geschichten. Diese Verbindung von Alt und Jung, dem Anliegen aus den Gründungstagen von Zeha-Berlin und auch Teil der Häßner`schen Firmentradition, hätte heute Karl Häßner ganz sicher gefallen.

Die Zeit ist im täglichen Alltagsstress nur so vorüber geflogen. Es ist das Jahr 2017. Es hält zwei besondere Jubiläen bereit. Die sieben am Ende der Jahreszahl steht bekanntermaßen in direkter Verbindung zum Gründungsjahr der Zeha-Schuhfabrik in Weida durch Carl Häßner Senior. 120 Jahre ist das Ganze nun schon her. Fünfzehn Jahre ist es her, als zwei Unternehmer den Mut hatten, die Marke Zeha wieder mit Leben zu erwecken.

Einladung zur Ausstellungseröffnung 120 Jahre Zeha

Das neue Zeha in Berlin hat in all diesen Jahren eine enge Bindung zum alten Zeha in Hohenleuben aufgebaut. Für den seit ein paar Jahren alleinigen Inhaber von Zeha-Berlin Alexander Barrè, wird es zu einer Herzensangelegenheit, den Höhepunkt der Feierlichkeiten aus Anlass des 120-jährigen Firmenjubiläums mitzugestalten. Auf dem Gelände der ehemaligen Burg Reichenfels in Hohenleuben wird im gleichnamigen Museum ab August eine mehrmonatige Ausstellung mit dem Titel „Geschichte der Marke Zeha – Der Sportschuh mit den zwei Doppelstreifen“ präsentiert. Viele von den vor 16 Jahren auf dem Dachboden gefundenen Prospekten, Leisten und Originalmodellen von Zeha-Schuhen sind darin die Hauptdarsteller. Viele ehemalige Mitarbeiter der Hohenleubener Spezialschuhfabrik sind zur Eröffnung erschienen und ihr Stolz auf das ehemalige Werk und ihre eigene Arbeit ist allerorts bei jedem einzelnen zu spüren, auch wenn es in der Zeit der Abwicklung nach der Wende bei einigen um die nackte Existenz ging und es hier und da ein paar unschöne Szenen untereinander gab.

Auch bei Alexander Barrè ist Stolz vorhanden. Stolz darauf, seinen Traum vom Weiterleben der Marke Zeha verwirklicht zu haben. Für ihn ist Zeha einfach die älteste Turnschuhmarke Deutschlands. Er hat etwas daraus geschaffen, was schon weit vor seiner Geburt existierte und was nun unter seiner Regie fortsetzt wird. Die Verbindung von Tradition und Moderne. Der Weg von einem Sportschuh zu einem Kultschuh. Alexander Barrè kann zufrieden sein, doch gerade deshalb wird er nicht aufhören, weiter daran zu arbeiten, dass Zeha-Schuhe auch in Zukunft ihren Platz im Leben vieler Menschen haben.

Zeha-Sportschuhe für DDR-Spitzensportler

Es war ein langer Weg von den ersten Schuhen der Weltgeschichte bis zu den ersten Modellen in der Schuhfabrik Carl Häßner zu Weida und von den dort zuerst produzierten Arbeitsschuhen hin zu den begehrten Sportschuhen der Spitzensportler und letztlich den modernen Straßenschuhen von Zeha-Berlin. Immer wieder folgen diesen ganzen Geschichten die Namen von Sportlern, die Zeha-

Schuhe getragen haben, in den jeweiligen Zeitabschnitten das Sportgeschehen auf unterschiedliche Art geprägt haben oder heute bekannte Stars, welche gern Schuhe von Zeha-Berlin tragen, wie der Schauspieler Jan Josef Liefers, der sogar während einer Fernsehsendung die auffälligen Zeha-Schuhe aus Berlin getragen hat.. Anfänge im Sport gibt es schon auf verschiedenen zeitlichen Ebenen und die Entstehung der Verbindung zwischen Schuhfabrik und Leistungssport reicht weit in erstere Firmenhistorie zurück. Die Zeit um die Jahrhundertwende vom 19. zum 20. Jahrhundert, der Zeit auch der Firmengründung in Weida, ist geprägt vom Aufkommen neuer Sportarten und der damit verbundenen Gründung von Sportvereinen. Das bis hier hin beliebte Turnen als eine Form der Körperertüchtigung bekommt Konkurrenz.

Egal, ob es solch skurrile Wettkämpfe wie die in den USA aufkommenden Sechstagerennen der Radsportler oder die Gründung der ersten Fußballvereine in England sind. Überall folgen den Vorreitern solcher Wettkämpfe Nachahmer auch in anderen Ländern. Noch im Jahr 1896 drehen im New Yorker Madison Square Garden Rennfahrer als Solisten ihre Runden allein über die vollen sechs Tage und der Sieger ist, wer in dieser Zeit die meisten Kilometer fährt. Schlaf? Der Sieger dieses Rennens, ein Ire mit Namen Edward Hale, schafft in dieser Zeit 3074 Kilometer und kann nicht einmal acht Stunden zusammenhängend die Augen zudrücken. Es gilt das Motto – aufstehen und strampeln bis zum Umfallen. Erst im Verlauf der Jahre ändern sich hier die Regeln. Als in Deutschland am 15. März 1909 das erste Sechstagerennen auf dem damaligen Ausstellungsgelände am Zoologischen Garten in Berlin stattfindet, haben sie sich schon verändert. Jetzt dürfen Zweier-Teams fahren und sich gegenseitig abwechseln. In England hat sich schon seit Mitte des 19. Jahrhunderts Fußball zu einer prägenden Sportart entwickelt. Der älteste Fußballverein der Welt wird am 24. Oktober 1857 in Sheffield als Sheffield Football Club gegründet. 1863 folgt als zuständige englische Organisation

The Football Association als ältester Verband der Welt. 21 Jahre nach dem Fußballclub Sheffield wird auch in Deutschland der erste Club gegründet. Das geschieht am 14. September 1878 in Hannover. Noch spielt diese Entwicklung in der Familie Häßner keine besondere Rolle.

Zuerst gilt es, die Firma zu gründen und in ein stabiles Fahrwasser zu führen. Carl Häßner Senior gibt dafür sein Bestes und hat gewiss keine Zeit, sich großartig um ein aktives Sportleben zu kümmern. Sein Sohn, Carl Häßner Junior wird früh mit in das Firmengeschehen einbezogen. Gesellschaftliche Konflikte wie der 1. Weltkrieg behindern diesbezüglich vorläufig größere Ambitionen, obwohl das Faible für den Fußball vorhanden ist. 1909 gründet sich ja in Weida der FC Thüringen Weida und Carl Häßner Junior bringt sich im Verein sportlich als Aktiver und als Vorstand für viele Jahre ein. Neben ihn finden sein Schwager Günter Seidel und auch der Sohn von Carl Häßner Junior, Karl Häßner, Zugang zum Sport. Natürlich jagen sie gern dem runden Ball hinterher. Richtig Bewegung kommt jedoch erst nach dem Ende des 2. Weltkrieges in die Sache, als 1954 die ersten Fußballschuhe mit Stollen unter den Sohlen auf den Markt kommen. In ihrer aktiven Zeit haben sie Schuhe getragen, denen es an Eleganz und Sportlichkeit mangelte. Von diesen Erfahrungen profitieren sie jetzt. Sie entwickeln neue Modelle und die entsprechenden Technologien dazu. Ihre Fußballschuhe sind gewissermaßen das Bewerbungsschreiben für das gesamte noch folgende Sportschuhgeschäft in der DDR.

Karl Häßner wird dabei einer der wichtigsten Köpfe im Betrieb. Er ist an den meisten Entwicklungen direkt beteiligt und knüpft die Kontakte zu den Entscheidern im Deutschen Turn- und Sportbund der DDR. Unter seinem Dach sind viele Sportverbände organisiert, die alle ganz verschiedenen Anforderungen an die zu benutzenden Sportschuhe haben. Die Fabrik in Hohenleuben stellt sich dieser Situation und produziert nun eine Vielzahl verschiedener Modelle, zugeschnitten auf die jeweilige Sportart. Als Hohenleuben dann neben den bereits begonnenen Schuhen noch die Herstellung von Spike-Schuhen übertragen bekommt, müssen andere Modelle wieder aus dem Programm genommen werden. Die Planwirtschaft lässt solche Mengen nicht zu. In der Konsequenz führt diese Entwicklung zu einer kontinuierlichen Spezialisierung. Den Schwerpunkt bilden ab da Fußballschuhe, diverse Leichtathletikschuhe und die gesamte breite Palette an Trainingsschuhen.

Doch wer sind die Spitzensportler, welche die Schuhe aus Hohenleuben getragen haben? Nehmen wir einmal die Fußballer. In der Aufmerksamkeitsskala liegt diese Sportart immer noch ganz weit vorn. Es ist noch einmal daran erinnert, dass sich zwei Gesellschaftssysteme auf sportlichem Parkett gegenüberstehen und jeder für sich das höchste Weltniveau beansprucht. Da gehört es zum hausgemachten Ton, seine Sportausrüstung als die jeweils bessere zu deklarieren. Während in den Anfangsjahren der Westen seine Produkte liebend gern auch im Osten verkaufen würde, konnte der sie sich auf Grund finanzieller Gegebenheiten nicht leisten. So kocht jeder sein eigenes Süppchen und versucht seine Produkte in seinem eigenen Territorium, und dort wo es möglich ist, auch auf dem Gebiet des anderen unterzubringen. Der Sport entwickelt sich international zu einem Politikum. Da ist es schon ein prestigeträchtiger Erfolg, wenn sich die sowjetische Fußballnationalmannschaft mit dem zu seiner Zeit weltbekannten Torhüter Lew Jaschin mit Fußballstiefeln aus Hohenleuben ausstatten lässt und damit sogar 1960 Fußball-Europameister wird. Ansonsten tragen DDR-Fußballer, egal ob in ihren Klubs oder der Nationalmannschaft, bis zur offiziellen Ausrüstung mit Adidas-Schuhen die Fußballschuhe mit den beiden Doppelstreifen. Einer der bekanntesten Fußballer des Ostens ist der Jenenser Peter Ducke, der sein Faible für Zeha-Schuhe nicht verhehlt. Auch der Nationaltorhüter der DDR, Jürgen Croy, ist bekennender Zeha-Schuh-Träger.

Einem Weltpublikum werden die Fußballschuhe aus Hohenleuben am 21. Juni 1970 bekannt. Es ist der Tag des Endspieles der Fußball-Weltmeisterschaft in Mexiko. Im Azteken-Stadion von Mexiko-Stadt stehen sich zur Mittagszeit vor über 100.000 Zuschauern die Mannschaften von Brasilien und Italien gegenüber. Zu Beginn sind die Kapitäne von Brasilien, Alberto Carlos, und Italien, Giacinto Facchetti, zur Übergabe der Erinnerungswimpel in ihren Adidas-Schuhen am Anstoßpunkt im Mittelkreis zu sehen. Zwischen ihnen steht Rudi Glöckner, ein Schiedsrichter aus der damaligen DDR, geboren 1929 in Markranstädt, nahe Leipzig, und bis heute der einzige deutsche Schiedsrichter, der ein solches Spiel jemals geleitet hat. 1952 legte er die Schiedsrichterprüfung ab und leitete ein Jahr später sein erstes Spiel in der Bezirksliga Leipzig. 1959 schaffte er den Sprung in die DDR-Oberliga, wo er bis 1977 insgesamt 230 Oberligaspiele und 4 FDGB-Pokalendspiele pfiff.

1964 begann für Rudi Glöckner die internationale Karriere bei den olympischen Sommerspielen von Tokyo mit dem Spiel Brasilien gegen die Arabischen Emirate. Den Höhepunkt in seiner Karriere erlebt er dann 1970 in Mexiko. Es kommt ihm bei dieser Ehre das Glück mächtig zu Hilfe, denn die brasilianische Mannschaftsleitung lehnt einen europäischen Schiedsrichter ab, während die Italiener einen südamerikanischen Referee ablehnen. Da rückt Rudi Glöckner in den Blickpunkt und scheint die ideale Besetzung zu sein. Es ist zu vermuten, dass man bei einem Schiedsrichter aus dem Osten, zumal es auch erst sein drittes A-Länderspiel ist, keine versteckte Sympathie für eine der beiden Mannschaften erwartet. Nun steht er da mit Fußballschuhen und den vier Streifen an der Seite, dem Markenzeichen der Schuhe aus Hohenleuben. im Rampenlicht der Fußball-Weltöffentlichkeit. Sicher haben die meisten

Fernsehzuschauer keine Ahnung, um was für Schuhe es sich dabei handelt. Die Werktätigen der Schuhfabrik dagegen schon. Am Ende wird Brasilien in dem für mich immer noch besten Endspiel einer Fußball-Weltmeisterschaft mit vier zu eins Weltmeister und Rudi Glöckner zu einer Schiedsrichter-Ikone in der DDR. Insgesamt wird Rudi Glöckner in seiner Karriere bei 107 internationalen Spielen, darunter sind 24 A-Länderspiele, die Pfeife betätigen. An weiteren Höhepunkten folgen noch das Endspiel um den Weltpokal zwischen dem Club Estudiantes de La Plata und Feyenoord Rotterdam, die Europameisterschaft 1972 in Belgien und die Weltmeisterschaft 1974 in Deutschland. 1999 verstarb Rudi Glöckner.

Fußball WM-Finale 1970 Italien vs. Brasilien mit Rudi Glöckner

Ansonsten besitzen die internationalen Erfolge von DDR-Fußballern in Zeha-Schuhen eher Seltenheitswert. Mit zwei Ausnahmen. 1976 erringen sie bei der Olympiade in Montreal die

Goldmedaille und 1980 in Moskau die Silbermedaille. Das Ganze bei Spielen allerdings ohne die Fußballschuhe aus Hohenleuben. Lediglich bei der Siegerehrung sind die Spieler mit den Zeha-Trainingsschuhen zu sehen. Da DDR-Sportler seit einigen Jahren bereits bei internationalen Wettkämpfen vertraglich mit Adidas-Schuhen ausgestattet werden, dürfen sie Zeha-Schuhe nur außerhalb davon, wie bei einer Siegerehrung, ganz offiziell tragen.

Etwas anders sieht das dagegen in der Leichtathletik aus. Schon in den 50er Jahren des 20. Jahrhunderts gibt es Erfolge für Athleten mit Zeha-Schuhen zu vermelden. Eine von ihnen ist die Sprinterin

Die Sprinterin Bärbel Mayer-Reinnagel im Austausch mit Zeha Hohenleuben 1957

Bärbel Mayer-Reinnagel. Sie ist als Staffelmitglied 1956 bereits an fünf Weltrekorden beteiligt. Den Höhepunkt ihrer Karriere bildet sicherlich die Teilnahme im gleichen Jahr an den olympischen Spielen im australischen Melbourne. Es reicht dort zwar nicht für eine Medaille, doch immerhin ist sie mit der Staffel im Finale vertreten und wird mit ihr sechster. Mit mehreren DDR-

Staffelrekorden und DDR-Einzelmeistertiteln über 400 Meter gehört sie darüber hinaus zu den national erfolgreichsten Sportlerinnen.

Ein nicht so erfolgreiches Ende nehmen die Melbourner Spiele 1956 für einen Läufer aus Thüringen. Siegfried Herrmann gehört bereits seit Beginn der 1950er Jahre zu den Topläufern der DDR. Schon mit mehreren DDR-Rekorden im Gepäck macht er sich nach Australien auf den Weg. Seine Vorbereitung auf diese Spiele mit regelmäßigem Intervalltraining auf der Bahn hinterlassen fast unbemerkt ihre Spuren. Das ständige kurze Sprinten mit Spikes schädigt seine Achillessehne. Doch davon wissen die meisten nichts und er reist als einer der Mitfavoriten an. Im Vorlauf über 1500 Meter geschieht, was nicht geschehen soll.

Siegfried Herrmann erleidet einen Achillessehnenriss und scheidet aus. Nach seiner Genesung stellt er sein Training um und widmet sich fortan verschiedenen Laufstrecken. Bei den Leichtathletik-Europameisterschaften 1958 und 1962 wird er sechster im 1500-Meter-Lauf und siebter im 5000-Meter-Lauf. Er schafft es 1964 sich zum 2. Mal für die Olympischen Spiele zu qualifizieren. In Tokio erreicht er einen 11. Platz über 10.000 Meter. Die großen Wettkämpfe sind also nicht seine erfolgreichsten. Dafür hält er sich mit seinen Rekorden und nationalen Titeln schadlos. Er wird insgesamt achtmal DDR-Meister auf den ganz langen Bahndistanzen und auf unterschiedlichen Cross-Strecken. Dazu stellt er 21 DDR-Rekorde von 800 bis 5000 Meter auf. Seinen Höhepunkt erzielt er am 5. August 1965, als er in Erfurt einen neuen Weltrekord über die 3000 Meter aufstellt. Ein Jahr später beendet er mit einer Silbermedaille bei den Europäischen Hallenspielen über die gleiche Distanz seine 18-jährige Laufbahn als Leistungssportler, die stets mit Zeha-Schuhen verbunden ist.

Die ersten richtig großen internationalen Erfolge von Leichtathleten mit Zeha-Schuhen gibt es 1960. Bei der Olympiade in Rom erringt ein DDR-Sportler überraschend die Silbermedaille im Speerwurf. Walter Krüger, zu Hause beim SC Traktor Schwerin ist der glückliche, denn sein erster Wurf von 79,36 Meter erweist sich bei rapide nachlassenden Wetterbedingungen als Silberwurf. Niemand kommt danach mehr an seine Weite heran. Kurioserweise wirft er mit einen schwedischen Speer, den er nach dem Wettkampf geschenkt bekommt und mit dem er nach Hause fährt.

Walter Krüger gewinnt überraschend die Olympische Silbermedaille in Rom 1960

Auch eine Frau rückt 1960 bei der Olympiade in Rom in den Blickpunkt. Karin Balzer startet als Hürdenläuferin und nimmt am Wettkampf über die 80 Meter Hürden teil. Sie schafft es mit ihren Zeha-Schuhen bis in das Halbfinale. Zwei Jahre später wird sie in Belgrad Vize-Europameisterin. Zwei weitere Jahre später folgt 1964 bei den Olympischen Spielen in Japan der Höhepunkt. Im Finale von Tokio gewinnt sie die allererste Leichtathletik-Goldmedaille für die DDR, die immer noch in einer gesamtdeutschen

Mannschaft am Start ist. Das ist der Beginn zu einer beeindruckenden Karriere, die sie neben der Goldmedaille mit weiteren 37 Weltbestleistungen und 7 Weltrekorden über alle gelaufenen Hürdensprintdistanzen krönt.

Wie sehr die DDR-Sportler mit der Zeha-Fabrik in Hohenleuben verbunden sind, beweist eine kleine fast unscheinbare Grußkarte von den Olympischen Spielen 1968 in Mexiko-Stadt an die Firmenleitung, die unter anderem von den Turnern Klaus Köste und Siegfried Fülle, der Leichtathletin Karin Balzer sowie den Radsportlern Wolfgang Wesemann und Klaus Ampler unterschrieben ist.

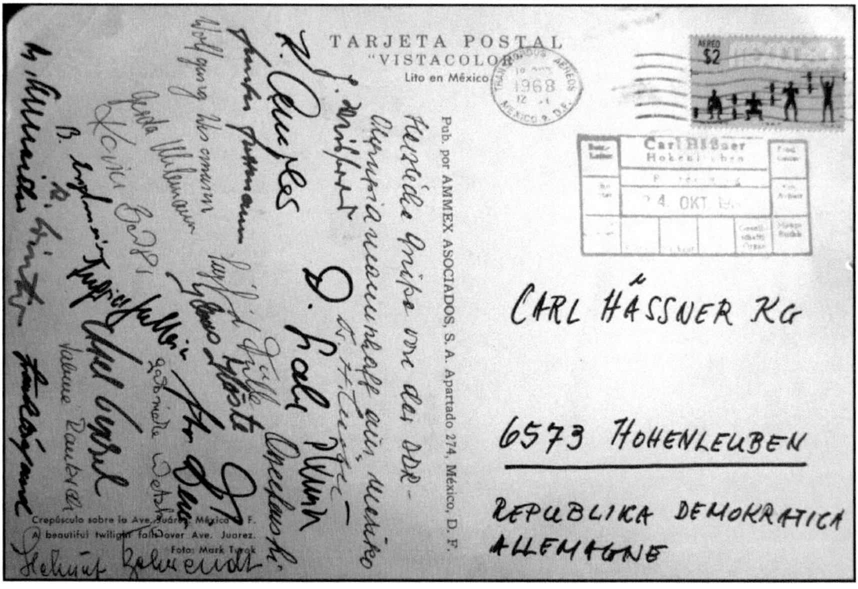

Grußkarte aus Mexiko

Nicht nur Sportler aus der DDR sind mit Zeha-Schuhen erfolgreich, sondern auch solche aus anderen Ländern. Einer dieser internationalen Stars der Sprinter-Szene zu dieser Zeit ist der Kubaner Enrique Figuerola Camuè. Da Kuba seine Spezialschuhe aus der DDR bezieht, treten viele Sportler bei internationalen Wettkämpfen mit ihnen an. Bei der Olympiade 1964 in Tokio erreicht Enrique Figuerola Camuè das Finale über 100 Meter, was schon als ein großer Erfolg gilt.

Im Endlauf gewinnt Robert Hayes aus den USA die Goldmedaille. Hinter ihm wird Enrique Figue-rola Camuè in seinen Zeha-Schuhen mit einer hervorragenden Sil-bermedaille belohnt. Damit ist er auf jeden Fall erfolgreicher als bei seiner ersten Olympiade in Rom 1960, wo er den vierten Platz belegte. Seine dritten Olympischen Spiele 1968 in Mexiko-Stadt sind für ihn nicht ganz so erfolgreich im Einzelsprint.

Mit Zeha-Spikes gewinnt Camuè aus Kuba Silber in Tokyo 1964

Dafür gewinnt er erneut eine Silbermedaille. Diesmal mit der 4 x 100 Meter-Staffel seines Landes. Als Dank für die gute Arbeit schenkt Enrique Figuerola Camuè den Hohenleubener Schuhherstellern ein paar Rennschuhe mit seiner Unterschrift.

Mexiko und seine Olympischen Spiele sind für einige Leichtathleten der Startschuss für ihre späteren großen Erfolge bei der Münchner Olympiade 1972. Für Ruth Fuchs trifft das nicht ganz so zu, denn sie verpasst auf Grund einer Verletzung im Vorfeld der Spiele ihre erste Teilnahme an einer Olympiade. Immerhin wird sie ein Jahr zuvor zum ersten Mal DDR-Meisterin, dem noch weitere zehn nationale Titel folgen sollten. Ich selbst habe zwei Mal die Gelegenheit, Ruth Fuchs persönlich zu treffen. An das erste Mal besitzt sie mit Sicherheit selbst keine Erinnerung.

Es ist Frühsommer 1972. In Erfurt finden die DDR-Meisterschaften der Leichtathleten statt und ich nehme an ihnen als Kampfrichter teil. Ein paar Jahre zuvor folgte ich einem Aufruf in unserer Schule, in dem für einen neuen Lehrgang zur Kampfrichterausbildung geworben wurde. Ich fand das sehr interessant und nahm daran teil. Über regionale Wettkämpfe und Spartakiaden, verbunden mit kontinuierlicher Weiterbildung, qualifizierte ich mich für höhere Aufgaben und erhielt die Einladung zu den DDR-Meisterschaften. Ich war immerhin noch Schüler und es war schon etwas ganz besonderes, mich als Kampfrichter mitten unter all den Assen der Leichtathletik aufhalten zu dürfen. Mein Einsatzgebiet wird für die Wurf- und Stoßdisziplinen festgelegt. Hartmut Briesenick und Margitta Gummel im Kugelstoßen. Gabriele Hinzmann und Hartmut Losch im Diskuswurf. Jochen Sachse im Hammerwerfen. Manfred Stolle im Speerwurf. Alles Spitzensportler ihrer Zeit. So auch Ruth Fuchs im Speerwurf bei den Frauen.

Ich hatte also das Vergnügen, ihren Wettkampf als Kampfrichter zu begleiten. Die elektronische Weiten-Messung ist noch nicht erfunden. Das ewig lange Bandmaß ist unhandlich und muss nach jedem Wurf richtig angelegt werden, um eine exakte Weite zu erhalten. So erlebe ich Ruth Fuchs hautnah bei ihrem Wettkampf. Wenn ich gerade warten muss auf die nächste Messung, sehe ich sie zwischen den einzelnen Würfen. Sehe, wie sie sich mit anderen Sportlerinnen unterhält. Sehe, wie sie ihren Speer auswählt. Sehe, wie sie anläuft und den Speer mit viel Kraft in den fast wolkenlosen Himmel wirft. Dann kommt wieder mein Einsatz.

Ich helfe das Bandmaß richtig anzulegen und höre wie ihre spätere Siegerweite von 62,92 Meter vermessen und laut angesagt wird, bevor sie per Hand für alle im Stadion sichtbar auf einer Weitentafel eingestellt und angezeigt wird. Gut in Schuss kann sie also nach München fahren. Mit dem Gewinn des Europacups 1970 und der Bronzemedaille bei den Europameisterschaften ein Jahr später in Helsinki gehört sie auf jeden Fall zu den Favoriten bei der olympischen Sperrwurfkonkurrenz 1972. Mit ihren im Finale geworfenen 63,88 Metern kann sie dem Druck standhalten und gewinnt die Goldmedaille. An den Füßen trägt sie dabei ihre ganz speziellen Zeha-Schuhe.

Der Autor zu Gast bei Dr. Ruth Fuchs

50 Jahre später dann eine ganz bewusste Begegnung mit der inzwischen promovierten Frau Dr. Ruth Fuchs. Bevor ich den

Hörer vom Telefon in die Hand nehme, bin ich innerlich doch ziemlich aufgeregt. Nach den ersten gegenseitigen Worten ist davon nichts mehr zu spüren. Ich stelle schnell fest, dass ich mit ihr offen und ehrlich reden kann, so wie ich es aus vielen Sportübertragungen von ihr kenne. Ich erläutere mein Anliegen für dieses Buch und sie hat nichts gegen meinen vorgesehenen Besuch einzuwenden, was ich zu Beginn nicht unbedingt erwartete. So mache ich mich Tage später auf den Weg zu ihr in die Nähe von Jena. Ich werde freundlich empfangen und wir setzen uns in ihren Garten. Ich erzähle ihr meine Geschichte von Erfurt 1972 und stelle mein Buchprojekt genauer vor. Beim Thema Zeha-Schuhe ist Ruth, als sozusagen ehemalige Sportkollegen sind wir schnell beim „Du“, sogleich in ihrem Element.

Ruth Fuchs 1972 in München und ihr Dank an die Fa. Häßner für deren Arbeit

Mit heute noch zu spürender Begeisterung erzählt sie von der wunderbaren Zusammenarbeit mit Hohenleuben und den dortigen Verantwortlichen. Zwei bis drei Mal war sie mit ihrem damaligen

Trainer und späterem Ehemann Karl Hellmann in Hohenleuben. Sie erzählt mir von ihrer Umstellung der Wurftechnik und dass dazu die bislang übliche Spike-Anordnung nicht mehr passte. Bei den Besuchen ging es vor allem darum, die Speerwurfschuhe der neuen Technik anzupassen. Das alles konnte sie direkt vor Ort mit den Verantwortlichen von Zeha-Hohenleuben besprechen und verändern. Wie aus der Pistole geschossen skizziert sie mir auf einem kleinen Zettel die vorgesehenen Änderungen der Spike-Anordnung an den Schuhen.

Aufmerksam folge ich auch ihrer Meinung zu den grundsätzlichen Unterschieden zwischen Zeha und Adidas, die ja in dieser Zeit schon der Ausrüster für Spitzensportler der DDR sind. Bei Adidas, so sagt sie, gilt das Motto: "Friss oder stirb". Ruth soll die Schuhe so tragen wie sie produziert werden. Änderungswünsche?
Fehlanzeige.
Ganz anders dagegen Zeha-Hohenleuben.

Hier gehen sie auf ihre Vorstellungen ein und stellen die Schuhe nach ihren Vorgaben her. Dieser Umgang ist ihr wesentlich angenehmer und der wahre Grund, weshalb Ruth bei der Entscheidung im Speerwurf entgegen der allgemeinen Absprache mit Adidas-Schuhen anzutreten, mit ihren Zeha-Spezialschuhen an den Start geht und in ihnen mit einer Weite von 63,88 Meter Gold gewinnt. Sie ist eine starke Frau, weiß was sie will und widersetzt sich schon mal gern. Das kann sie, auch weil sie die Leistung bringt. Als problematisch erweist sich für sie das Zusammentreffen der Firmenenteignung und dem Olympiajahr 1972.

Ihre eigenen Zeha-Spezialsportschuhe waren durch das eingesetzte Material wesentlich leichter als die von Adidas. Ihr großer Nachteil ist allerdings der dadurch bedingte sehr hohe Verschleiß. Bis zum Jahr 1972 ist es kein Problem Ruth Fuchs regelmäßig mit nagelneuen Spezialsportschuhen für ihre großen Wettkämpfe zu versorgen. Die Verstaatlichung führt zu Problemen in der Materialbeschaffung und Produktion, weshalb es ab und zu mit dem Nachschub hapert. Schweren Herzens steigt Ruth Fuchs dann doch auf Adidas-Schuhe um, mit denen sie zum Glück an ihre bisherigen Erfolge anknüpfen kann.

Es folgen weitere Europacup-Siege und der Europameistertitel in Rom 1974. 1976 wird sie in Montreal dann zum zweiten Mal Olympiasiegerin im Speerwurf. Bis 1980 stellt sie acht Weltrekorde auf. Ihr Versuch, in Moskau 1980 zum dritten Mal Olympiasiegerin zu werden, scheiterte mit Rang 8 im Finale recht deutlich und führt letztlich zum Ende ihrer großen Sportkarriere. Heute genießt sie die Ruhe und ihre Hobbys auf ihrer kleinen thüringischen Hazienda. Für mich selbst war die zweite Begegnung mit ihr eine große Ehre und ein großes Vergnügen, sie noch einmal persönlich getroffen zu haben.

Hierzu etwas in eigener Sache.
Wenn jetzt jemand fragt: Ja, aber was ist mit Doping? Willst du das jetzt gutheißen? Nein, will ich nicht und sie selbst hat sich offen dazu geäußert. Das alles ändert für mich nichts daran, dass sie eine tolle Frau ist, mit der man sich wunderbar unterhalten kann, die eine klare Meinung hat und zu der sie steht. Das ist mir schon immer wichtig und nicht dieses drum herum Gerede um den heißen Brei.
Wie sagt mein Freund Peter Frenkel immer:
Du kannst keinen Erfolg haben, wenn du dich nicht quälst. Wenn dieser Wille zur Schinderei nicht vorhanden ist, kannst du noch so viele Mittel zu dir nehmen, du wirst es nicht schaffen. Es ist wie mit den neuen pinkfarbenen Carbon-Laufschuhen, die jetzt fast alle Leichtathleten in den Laufdisziplinen tragen. Wenn die Grundlagen nicht durch hartes Training geschaffen werden, dann helfen dir auch die drei bis fünf Prozent angenommene Leistungssteigerung durch die Schuhe nicht.

Die nächste Geschichte hat ihren Startpunkt ebenfalls bei den DDR-Meisterschaften der Leichtathleten 1972 in Erfurt. Wer wie ich als Kampfrichter gerade keinen eigenen Wettkampf zu betreuen hat, genießt die Möglichkeit, hautnah andere Entscheidungen zu verfolgen. Ich bin ja nicht Kampfrichter geworden, weil ich es langweilig finde und kein Interesse an dieser Sportart habe. Die Creme de la Creme der DDR-Leichtathletik aus direkter Nähe zu sehen hat schon etwas Besonderes und Aufregendes.

Gewisse Parallelen zum sportlichen Lebensweg von Ruth Fuchs finden sich bei einem anderen Leichtathleten. Die Rede ist von Peter Frenkel. Geboren im damals noch thüringischen Eckartsberga, startet er später als Sportler für den ASK Potsdam. Seine erste Erinnerung an Zeha-Schuhe, so verrät er mir später einmal, reicht bis in seine Zeit an der Kinder- und Jugendsportschule Nordhausen zurück. Zeha-Schuhe gibt es nicht einfach im Laden zu kaufen. Man muss schon ein aktiver Sportler sein, um in den Besitz von ein Paar Schuhe zu gelangen. Als er einen sogenannten Bezugsschein erhält, macht er sich mit dem Bus auf den Weg nach Naumburg. In unmittelbarer Nähe zum Naumburger Dom befindet sich der SPOWA-Laden. SPOWA steht in der DDR als Abkürzung für Sportwaren. Dort erwirbt Peter Frenkel im Austausch für seinem Schein ein paar neue Spike-Schuhe von Zeha. Mit ihnen im Gepäck begibt er sich zu Fuß bis an die Naumburger Stadtgrenze in Richtung Eckartsberga.

In weiser Voraussicht hat er sich eine Art kleinen Rucksack von zu Hause mitgebracht. In ihm verstaut er jetzt seine bisher getragenen Schuhe und ein paar Kleidungsstücke und schlüpft in seine eben erst erworbenen Zeha-Spikes. Ausdauersportarten sind schon immer Peter Frenkels Ding. Niemand muss also darüber erstaunt sein, dass er ab hier die fast 25 Kilometer bis nach Hause im Ausdauer-Lauf absolviert. Immer schön am Straßenrand entlang. Wenn es dann doch einmal eine Straße zu queren galt, „hoppelte“

er mehr als er lief auf die andere Seite. Es macht ihm nichts aus und ist schon als ein Hinweis auf seine spätere Leistungsfähigkeit zu verstehen. Über mehrere von ihm gern betriebene Sportarten landet er zum Schluss bei den Gehern, deren anspruchsvolle Technik ihm im Blut liegt. Natürlich fällt ihm das alles nicht freiwillig in den Schoß, sondern ist Ergebnis eines langen und schweren Trainingsweges.

Sein erster Trainer Wilhelm Kustak hat ihn bis 1968 unter seinen Fittichen. In diesem Jahr schafft er, anders als die verletzte Ruth Fuchs, die Teilnahme an der Olympiade in Mexiko-Stadt. Nicht ganz ohne Hoffnung geht er dort an den Start, kann sich jedoch nicht mit einer Medaille schmücken. Ein sehr achtenswerter zehnter Platz springt dennoch für den olympischen Debütanten, der es 1964 nicht nach Tokio geschafft hat, heraus. Fortan nimmt Hans-Joachim Pathus Peter Frenkel in seine Trainingsgruppe auf und formt ihn zu einem der besten Geher der Welt. Ein erstes internationales Achtungszeichen setzt er 1970, als er am 4. Juli 1970 in Erfurt Weltrekord über die 20.000 Meter geht. Das Ziel lautet für Peter Frenkel nun München 1972. In einem Interview sagte er einmal, dass er und sein Trainer nach Mexiko wussten, was sie falsch gemacht haben. Jetzt, vor München, wissen sie, was sie richtig machen. Die Fehler aus dem übertriebenen und extremen realen Höhentraining vor Mexiko werden durch gezieltes und gut abgestimmtes Training in einer Unterdruckkammer ersetzt. Jetzt muss sich beweisen, ob dieser Weg zum Erfolg führt.

Ein Gradmesser für das Leistungsvermögen sind, wie auch für Ruth Fuchs, die nationalen Meisterschaften 1972 kurz vor München in Erfurt. Es ist der späte Nachmittag des 24. Juni 1972. Ich habe keinen Wettkampf mehr und schlendere durch das Stadion. Es ist der letzte Wettkampf des Tages. Schon etliche Runden drehen die Geher auf der roten Tartan-Bahn. Der Stadionsprecher nennt ab und zu ein paar Zahlen und motiviert die noch verbliebenen Zuschauer, die Aktiven zu unterstützen. Zwei Geher bestimmen schon seit einiger Zeit das Geschehen. Peter Frenkel und Hans-Georg Reimann. Als sich abzeichnet, dass die Endzeit im Bereich des Weltrekords liegt, werden plötzlich alle ganz laut. Rhythmisches Klatschen hallt durch das Stadion. Alles wartet darauf, wer im Ziel die Nase vorn hat. Beide kommen gleichauf auf die Zielgerade. Einen Sieger scheint es noch nicht zu geben. Gleichauf gehen sie die letzten 80 Meter in Richtung Ziel. Jeder der Zuschauer wartet auf die letzte und entscheidende Attacke von einem der beiden Sportler. Doch zur Überraschung aller unternimmt keiner von beiden mehr einen Versuch, auf den letzten Metern dem anderen davonzugehen.

So gehen sie absolut parallel über die Ziellinie, während die Kampfrichter auf der Zeitnehmer-Treppe auf ihre Stoppuhren klicken und etwas verwundert dreinschauen. Für beide Geher werden nach einigen Minuten die gleichen Zeiten bekannt gegeben und die bedeutet einen neuen Weltrekord im 20.000 Meter Bahngehen! Der Jubel ist groß und es scheint sich anzudeuten, dass Peter in der Vorbereitung alles richtig gemacht hat. Ich mache mit meiner Kamera noch ein paar Fotos zur Erinnerung. Knapp zwei Monate später gewinnt Peter Frenkel in München die erhoffte Goldmedaille und Hans-Georg Reimann wird hinter dem für die Sowjetunion startenden Ukrainer Volodymyr Holubnychiy Bronzemedaillengewinner. Vier Jahre später zur Olympiade in Montreal werden sie Silber und Bronze hinter dem Mexikaner Daniel Bautista Rocha gewinnen. Diesmal mit dem besseren Ende für Hans-Georg Reimann, der Silber gewinnt.

Drei Jahre nach meinem Kampfrichtereinsatz 1972 finden erneut die DDR-Meisterschaften der Leichtathletik im Erfurter Georgi Dimitroff Stadion statt. Die Kampfrichterei habe ich nach der 72er Meisterschaft aufgegeben. Ich war sauer darauf, dass ich mir meine etwas längeren Haare extra kürzen lassen musste, um mit einem laut Einladungsschreiben „ordentlichem Haarschnitt“ zu erscheinen. Deshalb bin ich diesmal als Zuschauer hier und wieder gibt es einen Geher-Wettbewerb, wenn auch diesmal ohne Weltrekord. Diesmal steht Hartwig Gauder aus Erfurt auf dem obersten Podest bei der Siegerehrung. Peter Frenkel einen Absatz tiefer auf dem zweiten Platz.

Peter Frenkels Weltrekordplakette und beim Olympiasieg 1972 in München

Alle Geher halten sich schon seit langem an die Vorgabe des Werbevertrages mit Adidas und starten ausschließlich in Adidas-Schuhen. Ich schieße wieder ein paar Fotos für meine Fotoalben. Dann vergehen viele Jahre, in denen ich zwar weiter die Leichtathletik verfolge aber keine Zeit mehr finde, sie mir persönlich vor Ort anzuschauen.

Wir haben uns aus dem Auge verloren und in der Zwischenzeit existiert das uns damals bekannte Land nicht mehr und das Internet versorgt die Menschheit nun mit anderen Neuigkeiten. Auf einem Social-Media-Kanal sehe ich eines Tages einen mir bekannten Namen – Peter Frenkel. Ich erinnere mich an meine alten Fotos von ihm und sende sie ihm über das Internet mit ein paar Informationen über ihre Entstehungsgeschichte. Diese Geschichten gefallen ihm. Er nennt uns scherzhaft die zwei wahren Thüringer in Brandenburg. Wir tauschen uns immer öfter aus, bis ich eines Tages eine Einladung zu einer seiner Fotoausstellungen in Potsdam erhalte. Ich fahre hin und wir lernen uns persönlich kennen. Von Anfang an stimmt die Chemie zwischen „zwei alten Thüringer Hasen“ und unsere beiden Familien werden Dank meiner alten Fotos von Erfurt sehr gute Freunde.

Der Autor mit Peter Frenkel als Mitinitiator des Bad Wilsnacker Moorlaufes

Durch ihn lerne ich bei einer weiteren Fotoausstellungen und seiner Feier zum 50-jährigen Jubiläum seiner Goldmedaille von München viele weitere Leistungssportler der ehemaligen DDR kennen. Darunter sind solche Athleten wie der Bobsportler Meinhard Nehmer, der Radsportler Olaf Ludwig, die Läufer Ellen Streidt, Jürgen Straub und Hans Grodotzki. Oder die Zehnkämpfer Joachim Kirst und Herbert Wessel. Auch die Geher Hans-Georg Reimann, Christoph Höhne und Reinhard Langhammer gehören zu diesem illustren Kreis dazu. Es ist eine große Sportlerfamilie, in die ich da geraten bin. Es gibt keinerlei Berührungsängste untereinander und alle sind auf die eine oder andere Weise in ihrer Laufbahn mit Zeha-Spezialschuhen aus Hohenleuben in Berührung gekommen und haben sich bei unseren Gesprächen gern daran erinnert.

Ein anderer Olympiasieger der DDR-Leichtathleten neben Ruth Fuchs, der sich offiziell mit Zeha-Schuhen im Olympiastadion von München zeigt, wenn auch erst bei der Siegerehrung, ist der Stabhochspringer Wolfgang Nordwig. Für ihn ist es, wie für Peter Frenkel, die zweite Olympiateilnahme nach 1968, wo er nur dank der schlechteren Mehrversuche die Bronzemedaille erringt. Wolfgang Nordwig wird bis 1972 insgesamt achtmal den DDR-Meistertitel und dreimal den Europameistertitel zum SC Motor nach Jena holen. München 1972 ist dann die Krönung seiner Laufbahn.

Eigentlich ist der Sieg schon für den US-Amerikaner Bob Seagren reserviert. Mit völlig neuem Stabmaterial hat er im Vorfeld der Olympiade einen phantastischen Weltrekord aufgestellt, doch die Regelhüter machen ihm einen Strich durch die Rechnung. Weil nicht allen Nationen diese Stäbe vor der Olympiade zur Verfügung stehen, werden sie für München nicht zugelassen. Wolfgang Nordwig nutzt diese Chance mit dem altbewährten Stab und gewinnt mit persönlicher Bestleistung von 5,50 Metern die Goldmedaille. Mit dem größten Sieg in seiner Laufbahn in der Tasche beendet er zugleich seine sportliche Karriere und widmet sich seiner beruflichen Entwicklung. Leider hat er für sich selbst entschieden, nichts mehr mit seiner sportlichen Vergangenheit zu tun haben zu wollen und hat sich daraus völlig zurückgezogen, was ich sehr schade finde aber nach den vielen harten Jahren im Hochleistungssport absolut verstehen kann.

Nicht bei jedem Leichtathleten, der als Jugendlicher mit Zeha-Schuhen sportliche Aktivitäten beginnt, werden die anfänglichen Träume zu reifen Früchten. Es gehört Talent, Einsatzbereitschaft, Willensstärke und eine große Portion Leidensfähigkeit dazu, um den Gipfel zu erklimmen. Das bringt nicht jeder mit. Als ich zu einem Treffen vieler ehemaliger Sportler des ASK Potsdam dank meines Freundes Peter Frenkel eingeladen werde, treffe ich den Mann wieder, der auf Peters Goldmedaillenfeier mit seiner überschäumenden Redekunst für viel Unterhaltung sorgte. In einem herumgereichtern Fotoalbum entdecke ich ein Bild. Es zeigt das Bild eines jungen Gehers, der beim ASK Potsdam trainiert und mit seinen Zeha-Schuhen auf der dunklen Aschenbahn steht. Es ist das Bild des Gastgebers. Als er eine kleine Rede hält, blickt er auch auf diese Zeit zurück. Er erzählt, dass er anfangs von kleineren Erfolgen euphorisiert ist, doch diese mit zunehmender Zeit ausbleiben. Es fällt ihm schwer, die nötige Disziplin und Ausdauer aufzubringen, die für fortdauernde Erfolgserlebnisse nötig sind. Die Euphorie lässt nach. Auch die Unterstützung von Peter Frenkel reicht nicht aus. Er zieht sich eines Tages völlig aus dem Sportgeschäft zurück. Peter Frenkel bleibt trotzdem über all die Lebensjahre sein Freund. Bei diesem Treffen dankt der Gastgeber ihm sehr emotional dafür, dass er stets zu ihm gehalten hat, auch in schwierigen Zeiten. Jetzt sind seit vielen Jahren seine neuen Wettkampfstätten ein Grundstück am Glindower See mit Obstbäumen, Salatpflanzen, Tomaten und den verschiedenen Wochenmärkten, wo er seine Produkte an den Kunden bringt.

Zeha-Schuhe werden nicht nur von Leichtathleten oder Fußballern getragen. Die Palette der Schuhmodelle umfasst wie schon angemerkt völlig unterschiedliche Sportarten. So gibt es auch Spezialschuhe für Wintersportler oder Hallensportler. Im Handball trägt die Nationalmannschaft viele Jahre Zeha-Schuhe bei ihren Spielen. Überhaupt sind es die Einzelsportler und Mannschaften der oberen Leistungsklassen, die bis zur Ausstattung mit Adidas in

Zeha-Schuhen ihren Sport betreiben. Die große Masse des Breitensports dagegen trägt bis zum Ende der DDR einfache Sportschuhe wie die blauen knöchelhohen Stoffschuhe mit dem runden Knöchelpolster aus Plaste. Eine, für die erstere Variante zutrifft, ist die Rennrodlerin Ute Oberhoffner.

Nachwuschssportler des ASK Potsdam mit Zeha-Schuhen

Ute stammt aus Unterpörlitz, einem heutigen Stadtteil von Ilmenau, und startete in ihrer Laufbahn für den ASK Oberhof. Wir treffen uns das erste Mal bei meiner Jugendweihe. Ihr Vater war Peter Weiß. Er baute ganz früh in Unterpörlitz den Rennschlittensport zur Sichtung talentierter Kinder auf, die dann in Ilmenau den nächsten sportlichen Schritt anstreben konnten. Er gehörte der DDR-Nationalmannschaft der Rennrodler in der ersten Hälfte der 1960-er Jahre an und ist bei meiner Taufe mein Patenonkel geworden. Leider wird er nicht sehr alt und stirbt kurz nach dem Besuch mit seiner Tochter bei uns. Später besuche ich Ute einmal an der Kinder- und Jugendsportschule in Oberhof und zwei Mal, nachdem sie ihre Sportlerlaufbahn bereits beendet hat.

In ihrer aktiven Zeit wird sie 1985 DDR-Meisterin und holt insgesamt sieben Weltcupsiege im Rennrodeln. Drei Mal gewinnt sie die Bronzemedaille bei einer Rodel-Weltmeisterschaft. Die erste davon gewinnt sie noch unter ihrem Mädchennamen Ute Weiß 1983 in Lake Placid. Der dritte Platz wird in den folgenden Jahren

Ute Oberhoffner gewinnt in Calgary 1988 die Silbermedaille

fast so etwas wie ein Stammplatz für sie, denn diesen belegt sie auch bei der Europameisterschaft 1986 im schwedischen Hammarstrand. Ein Jahr vor der Olympiade in Calgary wird sie im österreichischen Innsbruck erneute Dritte bei einer Weltmeisterschaft. Die Höhepunkte ihrer sportlichen Laufbahn erlebt Ute Oberhoffner 1984 und 1988 bei den Olympischen Winter-Spielen in Sarajevo und Calgary. Im damals jugoslawischen Sarajevo gewinnt sie eine olympische Bronzemedaille hinter ihrer Mannschaftskolleginnen Steffi Martin und Bettina Schmitt. Vier Jahre später, es ist das Jahr 1988, wird sportlich gesehen ihr wohl erfolgreichstes Jahr. Kurz vor den Olympischen Spielen im kanadischen Calgary wird sie Europameisterin auf der Bahn im bayrischen Königssee. Ihre Zugehörigkeit zur absoluten Weltklasse untermauert Ute Oberhoffner dann mit ihrer sicherlich wertvollsten Medaille, einer olympischen Silbermedaille. Dieser Erfolg beflügelt sie, und so verschiebt sie den eigentlich nach diesen Spielen geplanten Abschied vom Leistungssport um ein Jahr, das sie noch einmal mit einem schon traditionellen dritten Platz im Einzel, und einer Silbermedaille im Mannschaftswettbewerb bei der Weltmeisterschaft in Winterberg abschließt. Mit diesen Erfolgen ist für sie nun endgültig der richtige Zeitpunkt gekommen, um Abschied vom Leistungssport zu nehmen. Ute Oberhoffner hat eine besondere Beziehung zu Zeha-Schuhen und ihren Machern. Vor allem zu Joachim Thiele aus Hohenleuben, zu dem sie heute noch einen guten Kontakt hat.

Er gehört im Bereich der Forschung und Entwicklung zu den Entwicklern vieler Schuhmodelle in Hohenleuben und kennt sich bestens in der Materie aus. Seine Kontakte zu einer Reihe von Sportlern, wie dem Fußballer Bernd Bransch oder Ute Oberhoffner, geben ihm immer wieder Rückmeldungen über die Praxistauglichkeit der jeweiligen Entwicklungsstufe eines neu einzuführenden Sportschuhs. Wie sich der Schuh beim Wettkampf anfühlt, wo er eventuell drückt oder vielleicht etwas am Zuschnitt zu verändern ist, weiß am ehesten der Sportler, der den Schuh trägt. Seine Testberichte helfen Joachim Thiele und seinem Kollektiv, weitere Verbesserungen vorzunehmen. Dafür braucht er aktive Sportler wie Bernd Bransch oder Ute Oberhoffner.

Die Schuhe für Rennschlittensportler sind selbstverständlich Sonderanfertigungen und keine Schuhe von der Stange. Die heutigen Schuhe sind auch längst nicht mehr mit denen von damals zu vergleichen. Sie sehen am Anfang noch recht grob aus und sind neben verschiedenen Lagen noch zusätzlich gepolstert. Die Sohle besteht aus dem gummiartigen Porokrepp. Der zunehmende technische Fortschritt in der Produktion und neue Materialien ergeben

Joachim Thiele zu Besuch beim Autor

neue Möglichkeiten für die Schuhhersteller in Hohenleuben. Die wachsende Athletik der Sportler und ihr Kampf um jede tausendstel Sekunde erfordern immer wieder neue komplexe technologische Lösungen und Materialien für gleitfähigere Schuhe. Sie werden immer dünner und bestehen letztlich sogar aus dem gleichen Material wie der Rennanzug selbst. Die anfänglich noch flache und gerade Sohle weicht einer immer stärker aerodynamisch gebogenen, die sich fast luftdicht an die Lenkhörnchen der Rennschlitten anschmiegt. Die nun spiegelglatten und gebogenen Sohlen minimieren den Luftwiderstand auf ein Minimum.

So tragen letztlich die gelungene Einheit von sportlicher Fitness des Athleten und seine perfekte Ausrüstung zu einem erfolgreichen Wettkampf bei. Das Museum Reichenfels in Hohenleuben hat eine schöne Sammlung an Zeha-Sportschuhen. Auch der Name Oberhoffner taucht in dieser Sammlung auf. Und das sogar zwei Mal. Ute lernte unter ihrem Mädchennamen Weiß den ebenfalls erfolgreich fahrenden Rennschlittensportler Bernd Oberhoffner kennen. Später haben sie geheiratet. Ein Paar ihrer Wettkampfschuhe haben beide dem Museum zur Verfügung gestellt. Die folgende kleine Anekdote über den Umgang mancher Sportler mit bereitgestellten Spezialsportschuhen für ausgewählte Testpersonen, in diesem Fall von Fußballschuhen, erzählt mir Joachim Thiele.

Der 1. FC Lokomotive Leipzig und der Hallesche Fußballclub Chemie mit seinem Kapitän Bernd Bransch bekamen vom VEB Spezialsportschuhe Hohenleuben zu Testzwecken je einen kompletten Satz Fußball-Schuhe. Diese waren aus Känguruleder hergestellt und besaßen eine PUR-Sohle mit Schraubstollen. Die Spieler haben die Schuhe unter verschiedenen Bedingungen getragen und sie anschließend gemeinsam mit ihren individuellen Eindrücken in Testberichten nach Hohenleuben zurückgeschickt. Den Leipziger Fußballern waren die Schuhe wohl ziemlich egal, denn sie haben weder Schuhcreme gesehen noch konnten sich sich in irgendeiner Form mit ihnen anfreunden, denn sie waren anschließend nicht mehr zu gebrauchen. Des weiteren brachten sie mehr oder weniger stark ihren Unmut darüber zum Ausdruck, dass ihnen keine Adidas-Schuhe zur Verfügung gestellt wurden. Da spielte wohl eine gewisse Portion Überheblichkeit eine Rolle. Ganz anders dagegen die Fußballer aus Halle. Ihre Schuhe kamen gepflegt zurück und waren für eine weitere Nutzung nutzbar. Besonders der Kapitän Bernd Bransch ging mit gutem Beispiel bei der Behandlung und Bewertung der überlassenen Fußballschuhe voran. Er beantwortet die im Bewertungsbogen gestellten Fragen sehr ausführlich und unterbreitet Verbesserungsvorschläge für die Weiterentwicklung der Schuhe. So wird der Kapitän zu einem engen Vertrauten in Sachen Praxistest für den VEB Spezialsportschuhe Hohenleuben.

Es gibt jedoch auch die Geschichten von den Menschen hinter den strahlenden und siegreichen Sportlern. Es sind die unzähligen engagierten und doch größtenteils unbekannten Übungsleiter und Trainer, die zuerst in den kleinen Vereinen die Grundlagen dafür schaffen, dass sich aus der Vielzahl an jungen Talenten diejenigen heraus finden lassen, die nach der Delegation in die großen Klubs später ihren Weg an die sportliche Spitze fortsetzen. So wie zum Beispiel in Neustadt-Glewe in Mecklenburg-Vorpommern. Dabei hatten sie hier wie fast überall mit dem Problem der ausreichenden Versorgung an Sportausrüstungen zu kämpfen. In seiner Abschlussarbeit im Fach Sport an der Universität Rostock hat Nils-Uwe Bernhardt, unter der Förderung des Übungsleiters Rudolf Nevermann zu einem guten Dreispringer geworden und heute selbst als Trainer und Lehrer im Sportgymnasium Schwerin tätig, eine akribische Auflistung erstellt, aus der hervorgeht, welche Sportbekleidungen in welcher Anzahl und Farbe für Leichtathleten, Fußballer, Volleyballer oder Kegler des Neustädter SV Fortschritt zur Verfügung stehen.

Es sind die kleinen Probleme des sportlichen Unterbaus in der ehemaligen DDR. Ungeachtet dessen entwickelt sich der Neustädter Sportverein zu einem Sprungbrett für ambitionierte Sportler. Talentierte Fußballer werden zum FC Hansa Rostock, dem 1. FC Magdeburg oder dem 1. FC Lokomotive Leipzig delegiert. Andere haben ihren sportlichen Weg als Boxer, Segler oder Volleyballer beim SC Traktor Schwerin fortgesetzt, der das von Neustadt am naheliegendste Bezirksleistungszentrum bildet. Der SC Traktor Schwerin entstand im Juni 1955 im Ergebnis der von der Partei- und Staatsführung der DDR angestrebten Konzentrierung und Förderung von hochbegabten Sportlern in Leistungszentren.

Viel Anerkennung erwarb sich die BSG Fortschritt Neustadt-Glewe, so nannte sich der Verein ab 1951, vor allem durch die Delegierung von Leichtathleten in solche Zentren. So wurde Karl-Heinz Kruse zum SC Chemie Halle delegiert und Rosita Potreck ging nach Schwerin. Später wurden die beiden DDR-Meister in der Leichtathletik. Karl-Heinz Kruse 1963 über 1500 Meter und Rosita Potreck 1981 im Speerwerfen nach der Ära von Ruth Fuchs. Der ältere Bruder von Karl-Heinz Kruse, Hans Kruse, wurde schon 1948 über 5000 Meter DDR-Meister, da selbst noch für die SG Neustadt-Glewe startend. Karl-Heinz Kruse gelang bei seinem Sieg 1963 sogar das Kunststück, den damaligen Weltrekordler Siegfried Valentin zu besiegen. In einem Zeitungsartikel erinnerte er sich an die Anfänge seiner sportlichen Laufbahn, die geprägt war von eisernem Willen und fehlenden Trainingssachen. Selbst zu Wettkämpfen musste er mit geborgten Laufschuhen starten, die er wegen Übergröße noch zusätzlich mit einem Band befestigen musste. Solche Widrigkeiten sind den heutigen Sportlern völlig unbekannt und fremd. Diese Probleme kennen sie nicht. Neben dem persönlichen Durchsetzungswillen eines jeden Einzelnen gehören natürlich Menschen dazu, die dieses Feuer und diesen Willen entfachen können, um im Wettkampf noch die letzten Reserven herauszukitzeln zu können. Einer dieser Menschen in Neustadt-Glewe ist Rudolf Nevermann.

Rudolf Nevermann, Jahrgang 1918 und selbst ein begeisterter Sportler, übernahm drei Jahre nach dem Ende des Zweiten Weltkrieges als Übungsleiter eine kleine Gruppe von Jugendlichen, die sich für Sport interessierten. Das sportliche Betätigungsfeld war zu Beginn ziemlich breit gefächert. Etliche von ihnen gehörten mehreren Sektionen an. Mal waren sie Fußballer und dann wieder Leichtathleten. Wie es gerade gebraucht wurde. Erst im Verlaufe der Zeit spezialisierte man sich auf eine Sportart und erreichte einige beachtliche Erfolge. Neben dem schon genannten Brüdern Kruse besaßen Inge Badel oder die Geschwister Harry und Uta Rodehorst in der Leichtathletik einen guten Ruf. Rudolf Nevermann lebte für seinen Sport. Bis in die 1990er Jahre wirkte er als Übungsleiter und formte im kleinen Mecklenburgischen Ort Neustadt-Glewe befähigte Sportler wie Nils-Uwe Bernhardt heran. Da Rudolf Nevermann und seine Sportler nicht zu den geförderten staatlichen Leistungszentren gehörte, war die Versorgung mit hochwertiger Sportausrüstung ein Problem und vieles nur durch persönlichen Einsatz zu organisieren.

Rudolf Nevermann gehörte zu den glücklichen, die Zeha-Laufschuhe ihr eigen nennen konnten. Er pflegte sie stets sehr sorgfältig und trug bis zu seinem Tod mit 89 Jahren im Jahr 2008 Zeha-Schuhe. Dem damaligen Leiter der Sektion Leichtathletik der SV Neustadt-Glewe Peter Bernhardt fielen sie nach dem Ableben von Rudolf Nevermann in die Hände und wurden aus „Traditionsgründen“ bei verschiedenen sportlichen Veranstaltungen noch getragen. Das Zeha-Schuhe aus Känguru-Leder bestanden scheint Rudolf Nevermann dabei besonders beeindruckt zu haben, denn diese Geschichte erzählte er gern Peter Bernhardt, im übrigen ganz zufällig ein gebürtiger Weidaer, wie dieser in einer E-Mail an Antje Thiel verriet.

Die unendlichen Geschichten

Es ließen sich noch viele solcher Geschichten erzählen.

Geschichten von Leistungssportlern und Übungsleitern wie den hier zuvor genannten.

Geschichten über jedes einzelne Häßner’sche Familienmitglied.

Geschichten über die verschiedenen Bereiche der Schuhherstellung in Hohenleuben.

Geschichten über tägliche, monatliche oder jährliche Produktionsmengen der unterschiedlichsten Schuh-Modelle.

Geschichten wie die vom Museum Reichenfels, das die Erinnerungen an vergangene Zeiten hoch hält und mit unterschiedlichen Ausstellungen Geschichte näher bringt, wie die der ehemaligen Spezialschuhproduktion in Hohenleuben unterhalb der gleichnamigen Burgruine. Ein kleines regionales Museum mit guter Resonanz. Dieses Engagement ist sicherlich ein Grund dafür, weshalb ehemalige Sportler und Aktive gern ihre private Ausrüstung an Sportschuhen oder sportliche Erinnerungsstücke dem Museum Reichenfels als Dauerleihgabe oder Schenkung zur Verfügung stellen.

Oder wie jenes besondere Geschenk von Günter Schraps, der dem Museum ein paar Fußballschuhe mit den Autogrammen von 18 Spielern der DDR-Nationalmannschaft vom Beginn der 1960-er Jahre schenkte. Auf den auf dem rechten Schuh zu sehenden Unterschriften ist unter anderen die des Jenaer Spielers Roland Ducke, einem der damals technisch versiertesten Spieler, deutlich zu lesen.

Geschichten von Werktätigen der Schuhfabrik Hohenleuben, die jeden Tag an ihrem Arbeitsplatz ihr Bestes gegeben haben, um mit den vorhandenen, oft schwierigen Möglichkeiten, gute Arbeit zu leisten.

Geschichten wie die von Siegmund Jähn aus dem sächsischen Vogtland, dem ersten Deutschen im Weltall, der bei seiner Ausbildung im russischen Sternenstädtchen bei Moskau Zeha-Schuhe getragen hat.

Geschichten über die große Familie von Enkeln, Urenkeln oder Ururenkeln der Firmengründer, die jeder auf seine Art und Weise die Erinnerung an ihre Vorfahren aufrechterhalten.

Geschichten wie die von Zeha-Berlin, als mit der Gründung des Unternehmens ein paar italienische Herren auftauchten und etwas vom zu erwartenden Kuchen abhaben wollten.

Geschichten wie die von Monika Scharfenberg aus Eisenach, die von 1950 bis 1955 in Berlin Handball spielte, von ihrem Trainer als einzige 1955 bei einem Turnier in Brandenburg im Team Zeha-Schuhe erhielt, während alle anderen mit den typisch blauen Stoffschuhen antreten mussten und sie in diesen Schuhen vom Schiedsrichter nicht zugelassen werden sollte, bis der Trainer ein Machtwort sprach.

Geschichten über all das, von dem niemand mehr etwas erzählen kann, weil die, die es noch wussten, sie uns nach ihrem Tod nicht mehr erzählen können.

Geschichten wie die vom täglichen Kampf von Zeha-Berlin mit all den allgegenwärtigen gesellschaftlichen Problemen wie Mieterhöhungen oder Stromkosten.

An all diesen Geschichten lässt sich wunderbar die Wertschätzung der Sportler und Aktiven gegenüber der Spezialschuhfabrik Hohenleuben und seinem Firmenchef Carl Häßner ablesen. Aber auch der Stolz von Alexander Barrè, seinen Traum verwirklicht zu sehen.

Jede dieser Geschichten wäre es wert, in aller Ausführlichkeit erzählt zu werden. Doch dies ist nicht das Anliegen dieses kleinen Büchleins. Das Auf und Ab der Zeha-Geschichte, die eng mit der Geschichte der Familie Häßner verbunden ist, kurz und verständlich einem interessierten Leserkreis nahe zu bringen, ist die Intention des Buches. Geschichte im Spiegel der jeweiligen Zeit, die immer wieder Einfluss auf die Entwicklung der Zeha-Schuhfabrik genommen hat. Zeha-Schuhe haben viele Generationen begleitet und diese Erinnerungen sollen nicht verloren gehen. Dafür stehen diese Zeilen.

Ohne den Willen von Carl Häßner Junior und seiner Familie, das Werk seines Vaters auch unter schwierigsten Bedingungen zu erhalten und fortzuführen, hätten die Erfolgsgeschichten vieler DDR-Sportler wahrscheinlich einen völlig anderen Verlauf genommen. Mich hat die Geschichte sehr bewegt. Niemand wird sich vorstellen können wie es ist, das Lebenswerk seiner Familie zerstört zu sehen. Eine Enteignung durch eine Institution der man vertraut hat, ist ein schwerer Verlust, der durch nichts zu rechtfertigen ist.

Ohne Alexander Barrè und seiner Schuhmarke Zeha-Berlin, würden heute viele den Namen Zeha nicht mehr kennen.

Ohne die vielen Beschäftigten der Zeha-Schuhfabrik, die mit großem Engagement tagtäglich stanzten, pressten, klebten oder verpackten, gäbe es nicht die strahlenden Gesichter der jungen Sportler, wenn sie das erste Mal ihre neuen Zeha-Schuhe sahen und anzogen.

Am Ende bleibt ein bisschen Traurigkeit und Wehmut, aber auch sehr viel Freude und Dankbarkeit.

Traurig und Wehmütig, weil ein erfolgreiches und stolzes Unternehmen wie die Zeha-Schuhfabrik den vielen Widrigkeiten in seiner Existenz entschlossen und erfolgreich entgegengetreten ist, doch sich am Schluss der politischen und wirtschaftlichen Übermacht des anderen deutschen Staates beugen musste, ohne nie die echte Chance zu bekommen, sich erneut unter neuen Machtverhältnissen behaupten zu dürfen.

Dankbar und voller Freude für die Möglichkeit, die Geschichten der Marke Zeha, die alle ihren Ursprung im Jahr 1897 im vogtländischen Städtchen Weida haben, aufschreiben zu dürfen und die ohne den Gründergeist von Carl Häßner Senior nie entstanden wären.

Und nicht zuletzt wäre es ohne die Anregung und Arbeit zur Erforschung der Geschichte der Familie Häßner durch Antje Thiel niemals zu diesem Buch gekommen.

*

Dafür allen, die in irgendeiner Form an der Entstehung von diesem Buch ihren Anteil haben, sei ganz herzlich für ihre Mitarbeit und Unterstützung gedankt.

Thomas Niedlich
Autor
Groß Welle/Prignitz/Brandenburg

Anhang

Mein Dank geht an:

Privatarchiv Antje Thiel

Alexander Barrè Zeha-Berlin

Joachim Thiele und die TSG e.V. 1861 Hohenleuben

Archiv Museum Reichenfels zu Hohenleuben

Privatarchiv Johannes Seidel

Nachlass Kurt Häßner

Privatarchiv Gunstmann/Stoll aus Wuppertal

Nils Uwe Bernhardt Neustadt-Glewe

Peter Bernhardt Neustadt-Glewe

Dr. Ruth Fuchs

Peter Frenkel

Ute Oberhoffner

für die bereitgestellten Dokumente und Fotos

Von Thomas Niedlich sind bisher im Verlag Rockstuhl folgende Bücher erschienen